LOIS

SUR

LES ALIÉNÉS EN ANGLETERRE

EN FRANCE,

ET DANS LES AUTRES PAYS.

RÉSUMÉ

DES CRITIQUES QUE SOULÈVE EN FRANCE

LA LÉGISLATION SUR LES ALIÉNÉS

PAR

M. Ernest BERTRAND

Conseiller à la Cour impériale de Paris.

PARIS

COTILLON, ÉDITEUR, LIBRAIRE DU CONSEIL D'ÉTAT,

24, rue Soufflot, 24

1870

SOCIÉTÉ DE LÉGISLATION COMPARÉE.

LOIS

SUR

LES ALIÉNÉS EN ANGLETERRE,

EN FRANCE,

ET DANS LES AUTRES PAYS.

On lit dans l'exposé de la situation de l'empire du mois de novembre 1869 : « Pour répondre aux préoccupations publiques et augmenter les garanties « de la liberté individuelle, le Ministre de l'Intérieur, de concert avec le Garde « des Sceaux, Ministre de la Justice et des Cultes, a institué une Commis- « sion chargée de rechercher les modifications qui pourraient être utilement « introduites à ce point de vue dans la loi des aliénés. La Commission a « commencé ses travaux ; elle a fait appel aux lumières de tous les hommes « spéciaux, et s'occupe de réunir tous les documents relatifs à la législation « étrangère, dont elle se propose de faire une étude comparative. » Avant que ces lignes fussent publiées, partageant elle-même les préoccupations générales, la Société de législation comparée avait décidé qu'elle mettrait à l'étude la législation sur les aliénés. Dans le travail qui devait être partagé entre plusieurs de ses membres, je m'étais d'abord uniquement chargé de l'exposé de la législation anglaise. L'exposé terminé, lorsque j'ai voulu comparer cette législation à la législation française, j'ai reconnu avec étonnement qu'il n'en existait nulle part un résumé complet. J'ai dû faire ce résumé, dont, je dois le constater, j'ai eu quelque peine à réunir les éléments. Arrivé à ce point, il m'a semblé que je ferais une œuvre incomplète, si je ne rapprochais pas de ces deux législations celles des autres pays qui leur ont emprunté leurs dispositions, en cherchant quelquefois à les perfectionner; et si, après avoir présenté dans leur ensemble les législations sur les aliénés, je ne cherchais pas à préciser, au moins sommairement, les points sur lesquels des réformes sont demandées. J'ai été ainsi entraîné à remplir une grande partie du programme tracé par le gouvernement à la Commission par lui nommée. J'ai dû nécessairement laisser de côté dans ce travail un grand nombre de détails. J'espère cependant qu'on y trouvera les principaux éléments d'une discussion sérieuse. Je n'ai pas cherché un autre résultat; la Société de législation comparée n'a pas à résoudre les questions, mais à en faciliter l'étude. C'est ce but que je me suis efforcé d'atteindre.

Le travail se divise ainsi : 1° Exposé des lois sur les aliénés en Angleterre; 2° Exposé des lois sur les aliénés en France; 3° Comparaison sommaire de ces deux législations; 4° Lois sur les aliénés dans le canton de Genève, dans les Pays-Bas, en Belgique (avec les réglements de la colonie de Gheel), en Écosse; 5° Aperçus sommaires sur les lois des autres pays; 6° Exposé des critiques adressées à la législation sur les aliénés en France, des réformes proposées et des objections qu'elles rencontrent. Ces chapitres sont suivis d'une table détaillée.

J'ajouterai que dans les analyses des diverses législations, j'ai indiqué les lois et les articles de loi auxquels les paragraphes de chaque résumé se réfèrent. Dans les résumés, pour toutes les dispositions de quelqu'importance, j'ai reproduit textuellement les articles de loi eux-mêmes.

I

Les aliénés en Angleterre.

La législation anglaise sur les aliénés (*lunatics*) actuellement en vigueur, ne comprend pas moins de quarante statuts spéciaux et un grand nombre de dispositions éparses dans d'autres statuts, qui ont d'autres matières pour objet principal. Si l'on tient compte de la multiplicité et de la variété des actes législatifs, des complications résultant de ce que la plupart de ces actes sont en partie abrogés et en partie maintenus, on ne s'étonnera pas qu'ils forment un véritable dédale, au milieu duquel il est d'abord assez difficile de se reconnaître; mais lorsqu'on est parvenu à se débarrasser de tout ce qui est inutile ou de simple réglementation, à dégager la pensée du législateur de la phraséologie traditionnelle, des répétitions et des formules qui l'obscurcissent et rendent les statuts si difficiles à lire et à étudier, on finit par reconnaître que l'ensemble des lois concernant les aliénés est beaucoup plus simple qu'on ne l'aurait supposé à la première lecture.

Cette législation est toute moderne. La plupart des dispositions aujourd'hui appliquées ne remontent pas au delà du règne de la reine Victoria (1837). Les anciens statuts ne s'étaient occupé des aliénés que sous le rapport de la conservation et de la gestion de leurs terres et de leurs biens. Le premier statut qui eut pour objet principal le sort des aliénés eux-mêmes, est un acte de 1774, sous le règne de Georges III, qui réglementa les maisons de fous. Cet acte et quelques autres actes temporaires qui le suivirent, soumirent ces maisons à une surveillance pour réprimer de graves abus depuis longtemps signalés. En 1832, afin de donner plus d'efficacité à cette surveillance, un statut de Guillaume IV autorisa le lord chancelier à nommer annuellement, pour Londres et sa circonscription, des commissaires qui reçurent le titre de *metropolitan commissioners in lunacy*. Un rapport de ces commissaires, fait en 1844 au lord chancelier, suggéra les améliorations et les changements consacrés par le statut de 1845 (8. 9 Vict., c. 100), qui est devenu la base et le point de départ de la législation actuelle. De 1845 à 1865, ce statut a été amendé et complété par vingt-cinq statuts (1) qui se sont succédé

(1) En Angleterre, dès que l'expérience a démontré les vices d'une loi ou la possibilité de l'améliorer, on n'hésite jamais à la modifier, n'eût-elle qu'une année de

à de courts intervalles. Les plus importants sont trois actes de 1853 (16-17. Vict., c. 70, ss. 96-97), un acte de 1855 (18-19. Vict., c. 105, et un acte de 1862 (25-26. Vict., c. 111). Le plus souvent ces statuts ont été provoqués par des rapports des *commissioners in lunacy* et précédés d'enquêtes ordonnées par le Parlement.

Les légistes anglais divisent les aliénés en trois classes : 1° *private lunatics*, comprenant les *chancery lunatics*, *lunatics not so found by inquisition* et les *lunatics under certificates* ; 2° *pauper lunatics* ; 3° *criminal lunatics and insane prisoners*. Les *private lunatics* sont ceux qui peuvent se faire traiter sans recourir à l'assistance publique. Les *chancery lunatics*, ou *lunatics by inquisition* sont ceux dont la personne et les biens ont été soumis à une tutelle ou à une curatelle légale, le plus ordinairement après certaines formalités judiciaires. Les *lunatics under certificates*, sont les aliénés renfermés dans des établissements publics ou privés, dont l'aliénation est constatée par de simples certificats de médecins. Les *lunatics not so found by inquisition*, sont les aliénés dont l'aliénation n'a pas été légalement constatée et qui ne sont pas renfermés. Les *pauper lunatics*, sont les indigents aliénés. Les *criminal lunatics and insane prisoners*, sont les accusés ou condamnés pour crimes ou délits, et les détenus pour cause civile, atteints d'aliénation mentale.

Nous allons résumer le plus clairement et le plus succinctement possible les dispositions législatives concernant ces trois classes d'aliénés. Nous négligerons seulement les détails d'exécution de pur intérêt local. Notre but n'est pas d'enseigner comment doit être appliquée la loi anglaise, mais seulement d'en faire bien comprendre l'esprit, le mécanisme et la portée.

CHAPITRE PREMIER.

PRIVATE LUNATICS.

En principe, en Angleterre, les aliénés restent confiés aux soins de leur famille et de leurs amis, comme toute les personnes atteintes de maladies purement physiques. Pour qu'il soit pris à leur égard des mesures légales dans l'intérêt de leur personne ou dans l'intérêt de la conservation ou de l'administration de leur fortune, il faut que ces mesures soient provoquées par eux-mêmes ou par leurs parents ou leurs amis. Cependant ainsi que nous le verrons bientôt,

durée. La législation anglaise moderne est utile à étudier de ce point de vue. Souvent il y a des enseignements aussi utiles à tirer des diverses modifications subies par les lois que de ces lois elles-mêmes.

tout aliéné, par le seul fait de son aliénation mentale, est placé sous la surveillance de la loi qui étend sur lui *d'office* son action, soit pour protéger la société contre lui, dès qu'il devient dangereux pour les autres; soit pour le protéger lui-même, dès qu'il est privé des soins convenables ou que sa fortune et ses intérêts sont compromis.

§ 1. — *Lunatics by inquisition.*

Lorsqu'une personne est atteinte d'aliénation mentale (1) et que ses parents ou, à leur défaut, ses amis, pensent qu'il est nécessaire, dans son intérêt, de ne pas lui laisser la libre disposition de sa personne ou de ses biens, ils présentent requête au lord chancelier ou à la cour d'appel de la chancellerie, qui ordonne une enquête. Cette enquête est faite, ou devant un jury, ou par une commission spéciale, ou simplement par les *masters in lunacy*, suivant les cas. Les *masters in lunacy* sont deux magistrats spéciaux, créés en 1842 (5-6 Vict., c. 84) sous le titre de *commissioners in lunacy*, pour remplacer les anciennes commissions *de lunatico inquirendo*, et définitivement institués en 1853 et 1862 par les statuts 16-17 Vict., c. 70 et 25-26 Vict., c. 86.

L'aliéné auquel la requête est communiquée, peut toujours demander son renvoi devant un jury, et ce renvoi doit lui être accordé à moins que, par un examen personnel, le lord chancelier ne se soit convaincu que l'aliéné est hors d'état de former raisonnablement cette demande, et que les *masters in lunacy*, saisis par lui, ne jugent inutile de convoquer un jury (16-17 Vict. c. 70, ss. 40 et suiv.; 25-26 Vict., c. 86, ss. 8 et suiv.).

Avant toute enquête et avant le verdict du jury, l'aliéné présumé doit être personnellement interrogé (*examined*) soit en audience publique, soit à huis clos, s'il n'est pas expressément ordonné autrement par le Président. Les enquêtes peuvent se faire en partie oralement, en partie par *affidavit*; mais toute personne qui a signé un

(1) La déclaration d'aliénation sur enquête, qui équivaut à l'interdiction en France, ne s'applique pas aux prodigues par imprudence, extravagance, négligence, excentricité ou immoralité. Il n'existe en Angleterre aucun moyen légal de les empêcher de consommer leur ruine. Il convient, dit Blackstone, qu'il en soit ainsi dans une nation libre où le droit d'user de sa propriété n'est limité que par la défense de nuire à autrui. Il ajoute même que l'extravagance du prodigue est utile, en ce qu'elle active la circulation et la translation des terres et des autres biens. Cependant, dans la pratique, on a étendu la déclaration d'aliénation aux personnes qui sans être tout à fait aliénées ont une faiblesse d'esprit, (*unsoundness of mind*), assez grande pour être incapables de se gouverner elles-mêmes ou de gouverner leurs affaires.

affidavit peut être contrainte à venir déposer oralement. Dans ces enquêtes, soit devant les *masters* ou les commissions, soit devant le jury, il n'est permis d'apporter comme preuve de l'aliénation aucun fait remontant à plus de deux années, à moins d'un ordre spécial du juge ou du *master*. La décision ne peut porter que sur l'état d'esprit de l'aliéné présumé au moment de l'enquête; toutefois, dans quelques circonstances particulières, le lord chancelier peut donner l'ordre de rechercher si la personne objet de l'enquête, jouissait de sa raison à une époque antérieure déterminée (1). (16-17 Vict., c. 70, ss. 55 à 60, 47; 25-26 Vict., c. 86, ss. 3, 6.)

L'aliéné ou les personnes intéressées ont le droit de se pourvoir devant la Cour d'appel *in chancery* contre les décisions des commissions spéciales ou des *masters in lunacy*, dans les trois mois de leur rapport; et il doit être statué sur leur appel dans les six mois, si le lord chancelier n'accorde pas une prorogation. Pendant la durée de l'appel, le lord chancelier et les *masters* peuvent prendre toutes les mesures nécessaires pour la surveillance et la réclusion de l'aliéné, et l'administration de ses biens. Les décisions du jury sont sans appel, mais le lord chancelier peut sur requête, présentée dans les trois mois, ordonner de nouvelles enquêtes et un nouveau jugement devant un jury nouveau (16-17 Vict., c. 70, ss. 148 à 151; 25-26 Vict., c. 86, s. 7).

Il a été dit précédemment que la procédure *by inquisition* pouvait être provoquée par les parents ou les amis de l'aliéné. Elle peut l'être aussi d'*office* par le lord chancelier, sur le rapport que doivent lui faire les *commissioners in lunacy* (2), toutes les fois que, dans l'exercice de leurs fonctions, ils ont des motifs pour présumer que les biens d'une personne supposée aliénée ou retenue et traitée comme aliénée, ne sont pas suffisamment protégés, et que son revenu n'est pas convenablement employé dans ses intérêts (16-17 Vict., c. 70, s. 54).

Toutes les personnes ainsi reconnues aliénées après enquête (*lunatics by inquisition*) sont placées sous le contrôle ou la surveillance du lord chancelier (3). Il confie la garde de la personne de l'aliéné

(1) Cette recherche est indispensable lorsqu'il s'agit de l'annulation d'une obligation consentie par l'aliéné ou d'un acte antérieur à l'enquête.

(2) Commissaires aux aliénés dont il sera parlé plus loin et qu'il ne faut pas confondre avec les *masters*.

(3) Dans toutes les matières concernant la personne ou les biens des aliénés *by inquisition*, le lord chancelier peut agir seul ou avec l'assistance d'un ou de plusieurs des *lords justices* de la Cour d'appel *in chancery*, et deux des *lords justices*, agissant conjointement, ont les mêmes pouvoirs que le lord chancelier (*ibid*, s. 2), les décisions du lord chancelier peuvent être attaquées devant le Roi en son conseil.

à un tuteur (*committee to lunatic*) et la garde de ses biens à un curateur (*committee to estate*). Ces *committees* sont nommés sur le rapport et la désignation des *masters* (16-17 Vict., c. 70, ss. 63 à 66). Le *committee to estate* est ordinairement l'héritier présomptif, dont l'intérêt est que la fortune soit bien administrée; et le *committee to lunatic*, l'héritier le plus proche après l'héritier présomptif, dont l'intérêt est que l'aliéné vive le plus longtemps possible. Le *committee to estate* est soumis à un cautionnement, dont le chiffre est fixé par les *masters*; il est alloué au *committee to lunatic* une somme suffisante pour l'entretien et le traitement de l'aliéné. Ils doivent rendre compte de leur gestion aux *masters*, et c'est le lord chancelier qui statue en dernier ressort sur les articles que les *masters* ne croient pas pouvoir allouer (*ibid.* ss. 64 à 68) (1).

Les pouvoirs des *committees* sont très-bornés, ils ne peuvent faire aucun acte sérieux d'administration sans y être autorisés par les *masters* ou par le lord chancelier. Avant de prendre aucune mesure concernant les biens ou la personne de l'aliéné, ils adressent une proposition aux *masters*. S'il s'agit de l'administration, des réparations, des placements ou de la location des biens (*managing, repairing, setting or letting of estate*); ou pour toutes les autres propositions concernant les biens ou la personne, dans les cas où ils ont lieu de croire que le lord chancelier ne prendrait pas une décision sans leur en avoir référé, les *masters*, après enquête, font au lord chancelier un rapport suivi de conclusions dans lesquelles ils indiquent ce qu'ils croient devoir être fait, et le mode d'exécution qui leur paraît le plus convenable (2). S'il n'y a pas d'opposition, ces conclusions deviennent exécutoires sur un simple *fiat* du lord chancelier. Lorsqu'il y a opposition ou que le lord chancelier a été saisi directement de la demande, et dans tous les cas qu'il a pu spécifier dans des règlements généraux faits sur l'avis et avec l'assistance des *lords-justices* de la haute cour de *chancery*, le lord chancelier statue par des ordonnances rendues sur requêtes. Aux termes de la loi elle-même, le *committee* ne peut agir que sur ordonnance du lord chancelier et dans les limites fixées par cette ordonnance, en ce qui concerne les ventes de biens ou les hypothèques à consentir pour

(1) Si le *committee* a placé sous son nom des sommes appartenant à l'aliéné et qu'il meure ou qu'il refuse de rendre les sommes, il suffit d'une ordonnance du lord chancelier pour autoriser un autre *committee* à les toucher (*ibid.* s. 140).

(2) Les parties intéressées peuvent s'opposer au rapport et à l'enquête en s'adressant par requête au lord chancelier; d'un autre côté, pour ne pas commettre d'erreur les *masters* peuvent consulter le lord chancelier sur les questions à eux soumises et lui demander une décision ou des ordres (*ibid*, ss. 71 et 90).

payer les dettes, libérer les propriétés, pourvoir à l'entretien des aliénés, aux dépenses d'amélioration et aux frais de procédure; ainsi que dans tout ce qui se rattache à l'exercice de certains droits sur les immeubles particuliers à la législation anglaise, *tenures of copyhald, land in fee or in tail, lease hold land*, baux à vie ou à long terme, baux des mines et emploi de leur produit, etc. Appuyé sur les ordonnances du lord chancelier, le *committee to estate* peut se substituer à la personne de l'aliéné en tout ce qui concerne ses intérêts; il peut exécuter les obligations contractées par l'aliéné avant l'aliénation mentale, dissoudre les sociétés dont il faisait partie et disposer des propriétés sociales, disposer des lieux où il tenait son commerce; vendre, partager ou échanger des propriétés indivises; vendre des terres pour construire, résilier les baux, etc. Il peut même exercer tous les droits utiles réservés personnellement à l'aliéné, donner en son nom des consentements et des autorisations, le remplacer comme *trustee* ou *guardian* (administrateur ou tuteur), ou nommer des *trustees* ou *guardians* à des tiers, comme eût pu le faire l'aliéné lui-même s'il eût conservé sa raison (*ibid.*, ss. 67 à 70, 91 à 97, 108 à 119, 122 à 139) (1).

La distinction entre les autorisations sur rapports ou les autorisations sur ordonnances, a pour but de diminuer les frais de procédure qui sont prélevés sur les biens de l'aliéné. Le *committee* qui saisit le lord chancelier par requête, lorsque l'affaire pouvait être résolue en première instance par les *masters*; celui qui oblige mal à propos les *masters* à faire une enquête et un rapport, lorsque leur compétence leur paraissait contestable; et même celui qui a fait faire une enquête inutile sur une proposition reconnue inacceptable, sont condamnés personnellement aux frais. Les *masters* pour ne pas multiplier les actes de procédure, peuvent appeler les parties devant eux sans citations et les ajourner à des époques fixes. Ils doivent faire abréger tous les délais inutiles; rejeter ou faire rejeter de taxe toute procédure et tous frais d'assistance d'un conseil qui n'était pas nécessaire; veiller à ce que les *affidavit*, requêtes et autres pièces ne contiennent que ce qui est indispensable et ne soient pas d'une longueur démesurée. Dans le même but, la loi règle la forme des ordonnances du lord chancelier; elle défend d'y re-

(1) Lorsqu'un Anglais résidant à l'étranger est atteint d'aliénation mentale, la loi admet qu'il peut être nommé un curateur à la gestion de ses biens, suivant les lois du pays où il réside. Dans ce cas, sur la preuve à lui faite que l'aliénation a été légalement déclarée, et qu'un curateur a été régulièrement nommé, le lord chancelier peut ordonner le transfert au nom de ce curateur de toutes les sommes et actions appartenant à l'aliéné en Angleterre (*ibid.* s. 141).

produire les requêtes ou les rapports, sauf la partie des conclusions qui est indispensable, et pour en réduire le nombre autant que cela est possible, elle donne le droit au lord chancelier de faire, sur l'avis et avec l'assistance des lords justices de la haute cour de *chancery*, des ordonnances générales statuant à l'avance sur tous les cas qui exigent le plus fréquemment et le plus ordinairement l'intervention du lord chancelier, et autorisant, lorsque ces cas se présentent, à ne pas requérir des ordonnances spéciales (*ibid.*, ss. 72 à 74, 76 à 79, 98 à 100).

Lorsque les biens de l'aliéné sont peu importants et qu'ils n'excèdent pas £ 500 (12,500 fr.), le lord chancelier, au lieu de nommer un gardien aux biens, peut les faire vendre et en faire remettre le prix à tel parent de l'aliéné ou à telle autre personne qu'il juge convenable, pour l'appliquer aux besoins et à l'entretien de l'aliéné de la manière et sous les garanties qu'il lui plaît de fixer. Il peut même lorsque la fortune est plus considérable, mais qu'il résulte du rapport des *masters* que l'aliénation sera probablement temporaire, ne pas nommer un *committee* et se borner à faire donner à une personne désignée une somme suffisante pour pourvoir à l'entretien temporaire de l'aliéné. Cette personne doit rendre compte de l'emploi de la somme aux *masters* à toute réquisition (*ibid.* ss. 120, 121).

Immédiatement après l'enquête sur l'aliénation, les *masters of lunacy* doivent rechercher quels sont les plus proches parents de l'aliéné (*the next of kin*), et les appeler dans toutes les procédures qui se font devant eux. Si ce plus proche parent est mineur, ils lui nomment un tuteur *ad hoc*. Cependant si le lord chancelier pense que leur présence est inutile, il peut dispenser de les appeler, ou seulement les autoriser à intervenir à leurs frais s'ils le jugent convenable (*ibid.* ss. 75 à 83).

La loi anglaise veille avec autant de soin sur la personne de l'aliéné *by inquisition*, que sur l'administration de sa fortune. Elle ne se contente pas de lui donner un tuteur; aux deux *masters in lunacy*, qui doivent être pris parmi les avocats *barristers* ayant exercé au moins dix ans, sont adjoints trois *visitors*, dont deux (*médical visitors*) doivent être des médecins, et le troisième (*legal visitor*), un avocat *barrister* ayant exercé au moins cinq ans. Tout *lunatic by inquisition*, qui n'est ni dans un asile, ni dans un établissement d'aliénés, doit être visité et vu par un des *masters* ou des *visitors* aux époques et suivant les règles qu'il plaît au lord chancelier de prescrire (1) et au moins quatre fois par an: l'intervalle entre deux vi-

(1) Les *masters* et les *visitors* doivent se réunir en conseil (*board*) pour se concerter

sites consécutives ne doit jamais excéder quatre mois. Si l'aliéné est renfermé dans un asile ou un autre établissement, une seule visite par an est obligatoire, mais le lord chancelier peut prescrire des visites plus fréquentes. L'objet des visites est de constater les soins qui sont donnés aux aliénés, tant sous le rapport mental que sous le rapport de la santé physique, et les dispositions prises pour les surveiller, pour leur existence habituelle (*maintenance*) et leur bien être (*comfort*). Un rapport écrit doit être adressé au lord chancelier après chaque visite, et il doit lui être fait des rapports spéciaux et séparés pour tous les cas qui l'exigent (1). Un des cas prévus par la loi est celui où le *visitor* ne pourrait pas découvrir la résidence de l'aliéné et celui où il serait empêché de le voir. Les rapports des *masters* et des *visitors* doivent être gardés secrets. Personne ne peut en prendre communication sans une autorisation spéciale du chancelier. A la mort ou à la guérison de l'aliéné les rapports qui le concernent doivent être détruits. Cependant, en cas de guérison, le lord chancelier peut ordonner qu'ils seront conservés jusqu'au décès (16-17 Vict., c. 70, ss. 6, 10, 15, 17, 22, 23, 106, 107 ; et 25. 26 Vict. c. 86, ss. 19, 20, 21, 24).

Les frais de traitements des *masters* et des *visitors* qui sont assez élevés : £ 2,000 (50,000 fr.) pour les *masters*; £ 500 (12,500 fr.) pour les *visitors* (2), leurs pensions de retraite, les appointements des autres employés qui complètent leur institution, leurs frais de voyage et autres, sont prélevés sur les fonds de la cour de *chancery* (*the suitors' fee fund*). Les dépenses pour l'administration des biens des aliénés sont en partie payées au moyen de taxes imposées sur les actes de procédure, certificats, ordonnances, etc., et en partie au moyen d'une contribution proportionnelle (*percentage*), sur le revenu des biens des aliénés. Cette contribution est ainsi fixée comme *maximum* :

De £ 100 à 1,000 de revenu	4 0/0	et au plus	£ 30
De £ 1,000 à 5,000	» 3 0/0	«	£ 100
De £ 5,000 et au-dessus	» 2 0/0	»	£ 200.

de temps en temps sur les matières relatives à la visite des aliénés, et faire au lord chancelier des rapports généraux sur tout ce qui concerne les matières se rattachant à leurs fonctions, lorsqu'ils le jugent utile (16.17 Vict., c. 70, s. 20).

(1) Les *visitors* doivent de plus faire un rapport général au lord chancelier tous les six mois. Ce rapport indique le nombre de visites qu'ils ont faites, le nombre de patients qu'ils ont vus, le nombre de *miles* qu'ils ont parcourus. Tous les ans, au mois de janvier, ils doivent lui rendre compte de toutes les sommes qu'ils ont reçues pour frais de voyages et autres, et ce compte est soumis au Parlement.

(2) Il ne leur est pas permis de continuer à exercer leur profession de médecins ou avocats.

Le lord chancelier, assisté des *lords-justices*, peut abaisser le taux de la contribution ainsi fixée. Le chiffre réel des revenus est déterminé de temps en temps par les *masters* eux-mêmes. Le recouvrement du *percentage* et des taxes sur les actes de procédure (*fees*), se fait au moyen de timbres (*by means of stamps*) sous la direction de l'administration de l'*inland revenue*. (16. 17 Vict., c. 70, ss. 12 à 19, 26 à 31).

Les aliénés dont les biens ne valent pas plus de £ 700 (17,500 fr.) en capital, ou ne rapportent pas plus de £ 50 (1,250 fr.) de revenu peuvent être exemptés du *percentage* et des frais des procédures relatives à leurs propriétés (*ibid.* s. 32).

Pour faire cesser les effets de la déclaration d'aliénation mentale *by inquisition*, l'aliéné guéri doit provoquer une *inquisition* nouvelle, qui peut dans tous les cas, et à toute époque, être ordonnée par le lord chancelier, lorsque toutes les parties y consentent. Le lord chancelier peut même, sans enquête nouvelle, par un simple *writ of surpersedeas*, faire cesser les effets de l'*inquisition*, sous toutes conditions et dans toutes limites qu'il juge utile d'imposer dans l'intérêt du prétendu aliéné (16. 17 Vict., c. 70 ss. 149, 152; 25-26 Vict., c. 86, ss. 7, 8, 9, 10).

§ 2. — *Lunatics not so found by inquisition.*

Les parents ou les amis des aliénés qui n'ont pas été déclarés tels *by inquisition*, peuvent, comme le *committee* d'un aliéné *by inquisition*, les recevoir et les traiter dans leur domicile ou dans une habitation spécialement louée pour eux, et même les y renfermer et les y maintenir malgré eux, sans remplir aucune formalité légale.

Ces aliénés ne sont pas, comme les aliénés *by inquisition*, visités par les *masters* et les *visitors*. Mais le lord chancelier ou le ministre de l'intérieur peuvent, en tout temps et en toute circonstance, faire visiter et examiner par les *commissioners in lunacy* (commissaires aux aliénés, dont je parlerai plus loin), ou par d'autres personnes, tout aliéné ou supposé aliéné ainsi traité et renfermé ou soumis à une contrainte quelconque, et ordonner une enquête. Les ordres de visite et d'enquête doivent être donnés par écrit et signés. Toute personne qui volontairement entrave (*obstructs*) l'exécution de ces ordres, est puni d'une amende de £ 20 (500 fr.) sans préjudice des autres peines qu'elle a pu encourir (8. 9 Vict., c. 100, ss. 112, 113; 16, 17 Vict., c. 96, ss. 33, 34). Il n'est même nécessaire de recourir à cette haute juridiction que dans des circonstances exceptionnelles. Tout *constable*, tout *relieving officer* ou *overseer* (officier de l'assistance publique ou surveillant) d'une paroisse, qui a connaissance qu'une personne de cette paroisse considérée comme aliénée n'est pas convenablement soignée ou surveillée (*controlled*) ou qu'elle est maltraitée ou négligée par les parents ou tous autres qui se sont chargés d'en avoir soin, est obligé, sous peine d'une amende de £ 10 (250 fr.), d'en informer le juge de paix, dans les trois jours. Ce magistrat doit, ou personnellement, ou par un médecin délégué, faire une enquête sur les faits dénoncés, visiter et interroger le prétendu aliéné. S'il lui paraît résulter de l'enquête que cet individu est réellement aliéné et que la dénonciation est fondée, il renvoie l'aliéné devant deux autres juges de paix. Assistés d'un médecin, ces deux juges procèdent à un nouvel examen et à une enquête nouvelle. S'il leur apparaît que les faits allégués sont prouvés et que l'état de l'aliéné exige qu'il soit renfermé pour être convenablement soigné et traité, et que le médecin qu'ils se sont adjoints le certifie dans un certificat signé de lui, ils peuvent, suivant les cas, ordonner que l'aliéné sera conduit dans un asile ou dans un autre établissement destiné aux aliénés (16. 17 Vict., c. 97 s. 68).

Si ce n'est pas la personne de l'aliéné, mais sa fortune qui est compromise par une mauvaise administration, ou si son revenu n'est pas employé comme il devait l'être ou comme l'exige sa situation, il suffit que les *commissioners in lunacy* en soient informés. Sur leur rapport, le lord chancelier provoque d'office une déclaration d'aliénation *by inquisition*, qui autorise la nomination d'un curateur aux biens. Si ces biens n'ont pas assez d'importance pour supporter les frais d'une *inquisition* et d'un *committee*, sur la preuve faite par *affidavit* ou autrement, ou sur un rapport des *commissioners in lunacy*, établissant que la personne n'est pas d'un esprit sain (*unsound mind*), qu'elle est incapable de gérer elle-même ses affaires et que la valeur des biens n'excède pas £ 1000 (25,000 francs) en capital ou £ 50 (1,250 francs) de revenu annuel, le lord chancelier peut, sans autre procédure, et après un simple avis donné à l'aliéné supposé, prendre toutes les mesures nécessaires pour la meilleure administration de ses biens et de son revenu dans son intérêt ou celui de son traitement (*maintenance*), ou pour la gestion (*carrying on*) de son commerce et de ses affaires. Pour atteindre ce but, le lord chancelier peut vendre, hypothéquer, engager les terres, les marchandises et autres biens, ou en disposer autrement; et ordonner que les sommes dues, ou les dividendes, ou le revenu seront payés à un parent ou à une autre personne désignée, pour être employés à l'entretien ou dans l'intérêt de l'aliéné et de sa famille. (25. 26 Vict. c. 86 ss. 12, 13.).

§ 3. — *Commissioners in lunacy.* — Établissements pour le traitement des aliénés.

Toutes les fois que dans une même habitation il est reçu plus d'un aliéné, ou même dès qu'un aliéné *seul* est reçu par une personne qui tire profit des soins qu'elle lui donne, la loi prescrit des formalités spéciales qu'on ne peut négliger sans s'exposer à des peines sévères; et elle soumet les aliénés à une surveillance incessante et à des visites fréquentes, calculées pour prévenir tout abus et toute atteinte à la liberté individuelle.

Pour exercer cette surveillance, il a été créé un corps de fonctionnaires spéciaux, les *commissioners in lunacy* (commissaires aux aliénés), et institué des *visitors*, qu'il ne faut pas confondre avec les *masters in lunacy* et les *visitors* des *lunatics by inquisition.*

C'est sur l'institution des *commissioners in lunacy* et des *visitors* que repose en réalité tout le système de la loi anglaise.

En 1774, lorsque fut faite la première loi pour réglementer les maisons de fous, le collége des médecins de Londres fut chargé de choisir cinq de ses aggrégés pour remplir les fonctions de commissaires chargés d'accorder des *licences* à ces maisons et de les inspecter, dans la circonscription de Londres. L'inspection et la concession des *licences* pour le reste du royaume furent confiées aux juges de paix. En 1828, le statut 4. Geo. c. 41, remplaça les cinq agrégés par quinze commissaires, dont cinq médecins, annuellement nommés par le ministre de l'intérieur. En 1832, le droit de nommer les commissaires fut transféré au lord chancelier; et, en 1842, il leur fut donné le pouvoir d'inspecter, non seulement les établissements d'aliénés de la métropole, mais tous ceux de l'Angleterre. Le conseil (*board*) des *commissioners in lunacy*, tel qu'il existe aujourd'hui, ne fut définitivement institué qu'en 1845. Il se compose de 11 commissaires, dont trois sont nécessairement des médecins, et trois des avocats *barristers* ayant exercé pendant au moins cinq ans. Ils sont nommés par le lord chancelier; ils ont un secrétaire, des clercs et un président permanent. Chaque commissaire prête serment de remplir discrètement, impartialement et consciencieusement les fonctions qui lui sont conférées, et de garder le secret sur tout ce qui parviendra à sa connaissance par suite de ses fonctions. Ils ont un sceau spécial. Il ne leur est pas permis d'avoir aucun intérêt dans les établissements d'aliénés, ou de signer comme médecins les certificats exigés pour y être reçus. Les six commissaires médecins et avocats sont seuls payés; il leur est interdit d'exercer leur ancienne profession ; leur traitement est de £ 1,500 (37,500 francs) par an, et en outre, ainsi que les autres commissaires, ils sont remboursés de tous les frais de déplacement et autres nécessités par leurs fonctions. Ces dépenses sont prises sur les fonds provenant du prix des *licences*, recherches et amendes en matière de *lunacy*, et, en cas d'insuffisance, il y est pourvu par un vote spécial du Parlement auquel le compte de leurs dépenses doit être soumis chaque année. (8. 9. Vict. c. 100, ss. 3 à 12, 23, 33, 34, 35, 84, 102, 106; 17, 18 Vict., c. 94).

Les fonctions des *commissioners in lunacy* ne se bornent pas à de simples inspections. C'est par eux que sont exercés tous les pouvoirs publics administratifs en ce qui concerne les aliénés, excepté pour l'octroi des *licences* en dehors des limites de Londres et de sa circonscription. Chaque année, ils rendent compte du résultat de leurs travaux dans des rapports qui ont acquis une telle autorité que, toutes les fois qu'ils ont signalé une amélioration à faire ou une lacune à combler dans les lois sur les aliénés, le gouvernement et le Parlement n'ont jamais hésité à leur donner satisfaction.

On distingue dans la loi anglaise 1° les pensions où l'on traite un aliéné seul (*single patients boarded in unlicensed houses*) ; 2° les établissements privés (*licensed houses*); 3° les hôpitaux (*registered hospitals*); 4° les établissements publics ou asiles (*asylums*); 6° les asiles pour les criminels (*state asylums*).

Pour recevoir en pension un aliéné seul, aucune autorisation administrative spéciale n'est nécessaire. Avant la loi de 1845, on ne pouvait recevoir comme pensionnaire moins de cinq ans après sa sortie, sans l'autorisation de deux *commissioners* ou *visitors*, toute personne qui avait été renfermée comme folle. Cette défense a été abrogée et remplacée par des garanties qui seront résumées plus loin (1).

Pour recevoir deux aliénés ou plus, il faut avoir obtenu une *licence*. Toute personne qui recevrait chez elle des aliénés sans avoir une *licence*, ou qui les conserverait plus de deux mois après l'expiration ou la révocation de la *licence* serait poursuivie comme coupable d'un délit (*misdemeanor*) (8. 9. Vict., c. 100, ss. 44, 106; 18. 19 Vict., c. 105, s. 18).

Les *licences* sont accordées par les *commissioners in lunacy* dans les limites de leur juridiction immédiate qui ne comprend que Londres et sa circonscription, et partout ailleurs, par les juges de paix réunis en sessions trimestrielles (*quarter sessions*). Toute

(1) Au 1er janvier 1863, il y avait en Angleterre 150 aliénés (69 hommes et 81 femmes), soignés seuls dans les *unlicensed houses*. Sur ce nombre, 48 seulement étaient des *lunatics by inquisition*.

personne ayant eu un intérêt direct ou indirect, depuis moins d'un an, dans une *licensed house*, est incompétente pour statuer sur une demande de *licence* (8. 9. Vict., c. 100, ss. 14, 17, 23).

Depuis l'acte de 1853 (16. 17 Vict., c. 96 s. 2) la première condition imposée à la personne qui demande une *licence*, est de résider dans l'habitation pour laquelle la *licence* est demandée. Avant cet acte, il était permis de se faire remplacer par un directeur ou surintendant (*superintendent*), seulement alors il fallait faire agréer par les *commissioners* les médecins qui devraient résider dans la maison ou y faire des visites. La demande doit être accompagnée d'un plan des lieux dressé sur une échelle déterminée par la loi (1) et de leur description, avec indication du nombre des *patients* à recevoir, de leur sexe, des moyens de séparer les différents sexes, etc. Lorsqu'il s'agit seulement du renouvellement de la licence, le plan et la description des lieux ne sont pas exigés, mais il doit être fourni un état détaillé des *patients* traités dans la maison (8. 9. Vict., c. 100, ss. 24, 27, 29; 16. 17. Vict., c. 96 s. 1).

Les *licences* peuvent être refusées quand il ne paraît pas utile qu'une nouvelle maison soit créée, soit parce qu'il en existe un nombre suffisant dans la contrée, soit pour tout autre motif. Les *commissioners* et les juges de paix ont un pouvoir discrétionnaire pour les accorder ou les refuser (8. 9. Vict., c. 100, s. 14). Elles ne sont jamais accordées facilement, des informations sont prises sur la moralité, la capacité et les ressources des postulants. Les lieux sont visités par les *commissioners in lunacy* (2), ils exigent qu'ils soient bien aérés et convenablement aménagés. S'ils n'ont qu'une étendue restreinte, la *licence* n'est accordée que pour un seul sexe. En 1859, sur quarante maisons qui existaient dans la métropole, dix-sept seulement étaient autorisées à recevoir les deux sexes; et en 1860, les *commissioners* constataient, dans leur rapport, qu'à Londres ils n'accordaient plus d'autorisations pour les deux sexes aux maisons nouvelles. Il n'est pas nécessaire d'être médecin pour obtenir une *licence*, mais en général on n'admet plus que des médecins (3).

Les *licences* sont accordées pour un temps déterminé qui ne peut, en aucun cas, excéder trente mois. Elle peuvent être renouvelées. Elles sont assujéties à un timbre de 10 *shillings*, et, de plus, il est payé un droit de 10 *shill.* par aliéné, réduit à 2 *shill.* 6 *pences* pour les

(1) Un huitième de pouce par pied anglais.

(2) Même quand la demande est adressée au juge de paix, il doit, dans ce but, la transmettre avec copie des pièces aux *commissioners*.

(3) Ces renseignements sont extraits des rapports 39 et 40 (1859 et 1860), des *commissioners in lunacy*.

aliénés *pauvres*, c'est-à-dire placées aux frais des paroisses, bourgs, et comtés. Le droit ne peut jamais être de moins de £ 16 (400 f.) pour une *licence* de trente mois. Pour les *licences* d'une moins longue durée, le droit peut être diminué, mais sans descendre au-dessous de £ 5 (125 f.). Dans tout les cas, il doit être payé avant la délivrance de la *licence* (8. 9 Vict., c. 100, ss. 30, 32).

Dans leur première visite après la *licence* accordée, les *commissioners in lunacy* doivent s'assurer si toutes les conditions imposées ont été remplies et le constater par écrit sur le livre des *visitors*, qui est dans chaque établissement. Tout changement dans les lieux doit être approuvé sur le vu d'un plan ; si la demande pour l'autorisation est adressée au juge de paix, il faut y joindre le consentement écrit de deux *visitors* et l'approbation ne peut être accordée que sur le *vu* des *commissioners*. Pour transférer l'établissement dans une autre habitation, il faut une nouvelle *licence* (*ibid.* ss. 26, 40, 66).

Le lord chancelier peut révoquer les *licences* ou défendre de les renouveler, soit sur la demande des *commissioners* pour toutes les *licenced houses*, quelle que soit l'autorité qui a donné la *licence*; soit sur la demande de la majorité des juges de paix *in quarter sessions* pour les maisons par eux autorisées. La personne dont la *licence* est révoquée doit avoir été prévenue sept jours au moins avant l'envoi au chancellier de la demande en révocation ou en refus de renouvellement. Lorsque la révocation a été prononcée, la copie en est publiée dans le *London gazette*, et elle doit recevoir son effet dans les deux mois qui suivent la publication (*ibid.* ss. 41, 42). Toute contravention aux conditions de la licence, est d'ailleurs punie d'une amende, qui peut s'élever jusqu'à £ 50 (1,250. f.) par aliéné (25. 26 Vict. c. 111 s. 17).

Les hôpitaux pour les aliénés ne sont pas assujétis à la *licence*. En général, en Angleterre, les hôpitaux ne sont pas comme en France des établissements publics, ce sont des établissements fondés par des particuliers, qui les administrent au moyen de commissions (*committees*) dont la composition est déterminée par l'acte de fondation. Les hôpitaux pour les aliénés sont définis par la loi elle-même : « Toute maison ou institution autre qu'un asile, où les aliénés sont reçus et entretenus en totalité ou en partie, par des contributions volontaires, ou par des dons ou legs charitables, ou par l'application aux besoins des autres de l'excédant des pensions payées par quelques malades. » Tout hôpital où l'on veut recevoir des aliénés, doit être enregistré (*registered*) sur un livre spécial par les *commissioners in lunacy* sur la déclaration du surintendant (*superintendent*) de l'hôpital, qui serait puni d'une amende de £ 20

(500 fr.) s'il recevait des aliénés avant cet enregistrement. L'hôpital royal de *Bethleem* lui-même est enregistré (8.9 Vict. c. 106, s. 43; 16. 17 Vict. c. 96, s. 35). Avant l'établissement des asiles, les *lunatic hospitals* étaient les seules fondations charitables pour les aliénés en Angleterre. En 1815, il y en avait neuf, qui subsistent encore; actuellement on en compte quinze.

Les asiles (*asylums*) sont dispensés de la *licence* et de l'enregistrement. Ce sont des établissements publics principalement destinés à recevoir les indigents aliénés (*pauper lunatics*) des comtés, bourgs ou paroisses qui les ont fondés, mais qui peuvent aussi en recevoir d'autres, ainsi que nous le verrons plus tard. Jusqu'en 1808, les seuls actes législatifs concernant les indigents aliénés, étaient quelques dispositions spéciales des bills sur le vagabondage (*wagrant acts*) qui autorisaient à détenir et à enchaîner (*lock up and chain*) (1), les maniaques dangereux, dans un but de sécurité. En 1808, après une enquête faite par le parlement, l'acte 48 Géo. III c. 96 posa les fondements du système actuellement existant, qui a été complété depuis par de nombreuses dispositions légales. Ce n'est pas sans difficulté que le gouvernement a obtenu la construction des asiles.

En 1852, malgré les dispositions impératives de l'acte de 1845 (8.9 Vict. c. 126), il y avait encore plusieurs comtés sans asiles et quatre bourgs seulement avaient des asiles séparés. En 1853 pour vaincre les résistances et généraliser le traitement des indigents aliénés, l'acte 16-17 Vict. c. 97 obligea les bourgs et comtés à construire des asiles, en les autorisant à se réunir pour les construire en commun, ou à traiter pour la réception de leurs aliénés dans les asiles d'autres bourgs et comtés et dans des *registered hospitals* ou même dans des *licensed houses*. Le ministre de l'intérieur fut autorisé à annexer d'office aux comtés et bourgs voisins, les bourgs et comtés qui n'auraient pas exécuté la loi dans le délai d'un an; et à adresser aux juges de paix toute réquisition pour les contraindre à agir, et soit à construire de nouveaux asiles, soit à augmenter les anciens, s'ils étaient insuffisants (2).

Les *state asylums* réservés exclusivement aux aliénés condamnés ou

(1) 17 Geo. II, c. 5.

(2) Il serait superflu de donner ici les détails d'exécutions et les conditions de construction et d'aménagement que doit remplir chaque asile, il nous suffira de renvoyer aux statuts 16.17 Vict. c. 97, 18-19 Vict. c. 105, 19-20 Vict. c. 87, 25-26, Vict. c. III, 26.27 Vict. c. 110, et aux rapports annuels des *commissioners in lunacy*; notamment à un rapport de 1847 «*further report*» et aux rapports 11, 12, 14, 16 et 17 publiés en 1857, 1858, 1860, 1862 et 1863.

poursuivis pour crimes ou délits, ne peuvent être créés que sur des bills spéciaux votés par le parlement; il en sera parlé plus amplement au chapitre des aliénés criminels ou détenus.

Tous ces établissements, qu'ils soient publics ou privés, et même les maisons où un aliéné seul est mis en pension (*unlicensed houses*), sont placés sous la surveillance des *commissioners in lunacy*, et il leur est imposé certaines conditions que je vais successivement exposer.

§ 4. — *Lunatics under certificates.* — Conditions imposées aux établissements qui peuvent les recevoir.

Aucun aliéné ou présumé aliéné ne peut être reçu et renfermé (*confined*) dans un établissement privé ou un hôpital, et même dans une maison où il serait traité seul en payant pension, sans un ordre (*order*) signé par un parent ou par un ami, appuyé des certificats de deux médecins attestant que l'individu est aliéné et que sa situation exige qu'il soit détenu pour être soigné et traité (1) (16-17 Vict. c. 96, ss. 4, 5, 8; 8-9 Vict. c. 100, s. 90). Dans les cas urgents, le certificat d'un seul médecin suffit, mais les motifs d'urgence doivent être spécifiés dans l'ordre d'admission, et dans les trois jours on doit produire les certificats de deux médecins autres que celui qui a signé le certificat d'urgence (*ibid.*). Les aliénés reconnus tels sur enquête (*lunatics by inquisition*) peuvent seuls être admis sans certificats de médecins, sur l'ordre écrit et signé par le tuteur à la personne (*committee to lunatic*), qui doit justifier de sa qualité (25. 26 Vict. c. 111, s. 22).

A l'ordre, ou plus exactement à la requête adressée aux directeurs d'établissement pour recevoir un aliéné, il doit être joint une notice (*statement*) détaillée qui, outre les renseignements généraux sur l'état civil de la personne, doit indiquer si elle a déjà été atteinte antérieurement d'aliénation mentale; à quel âge elle a eu sa première attaque; si elle a été précédemment traitée; la cause présumée de l'aliénation; si le malade est dangereux, etc. Cette notice peut être signée par une autre personne que celle qui a signé l'ordre. Elle doit, comme celle qui signe l'ordre, constater le degré de parenté ou les autres circonstances qui la rattachent à l'aliéné.

L'ordre d'admission ne peut être signé par aucune personne intéressée dans l'établissement où entre l'aliéné, ou par celles qui

(1) Voici les termes de la formule légale : *that he is a (lunatic or an idiot or a person of unsund mind) and a proper person to be taken charge of and detained under care and treatment.*

reçoivent de l'argent sur ses revenus à un titre quelconque à raison de sa maladie mentale. Le signataire doit avoir vu le *patient* un mois au plus avant la date de l'ordre, et spécifier l'époque et le lieu où il l'a vu pour la dernière fois. Les deux médecins ne doivent être ni associés entre eux, ni *commissioners in lunacy*, ni *visitors*, ni parents ou alliés du chef de l'établissement, ni intéressés dans cet établissement, et après avoir signé les certificats, ils ne peuvent devenir médecins ordinaires (*medical attendant*) de la maison ou de l'hôpital où est renfermé l'aliéné. Chacun des médecins doit examiner séparément le *patient* et spécifier les faits sur lesquels il a formé sa conviction, en distinguant les faits qu'il a lui-même observés de ceux qui lui ont été déclarés par d'autres personnes, cet examen ne doit pas avoir précédé l'admission de plus de sept jours. Si l'ordre et les certificats sont irréguliers, ils peuvent être régularisés avec la *sanction* des *commissioners in lunacy* dans les quatorze jours de la réception de l'aliéné, sinon il doit être mis en liberté. (8. 9 Vict. c. 100, s. 23; 16. 17 Vict. c. 96, ss. 4, 5, 10, 11, 12; 25. 26 Vict. c. 111, ss. 23, 24, 27.)

Les personnes qui ont signé les ordres d'admission, les médecins qui ont signé les certificats, ainsi que toute personne qui a retenu illégalement le *patient*, peuvent être poursuivies soit par l'aliéné supposé, soit d'office par l'*attorney general* sur le rapport des *commissioners in lunacy* (1). Lorsque l'aliéné est mis en liberté, il a le droit d'exiger copie de l'ordre et des certificats sur la production desquels il a été renfermé. Outre les dommages-intérêts qui peuvent être dus à l'aliéné, la loi prononce des amendes sévères contre tous ceux qui ne se sont pas conformés à toutes ses dispositions. (8. 9. Vict. c. 100, ss. 53 et 102 à 107.)

La personne qui reçoit en pension un aliéné seul (*unlicensed house*), doit dans les vingt-quatre heures en donner avis au bureau des *commissioners in lunacy*, en y joignant des copies certifiées de l'ordre d'admission, des certificats de médecin et de la notice, qu'elle a dû exiger avant de recevoir le malade. Avant l'expiration du septième jour après l'entrée, elle doit de plus envoyer un rapport du médecin attaché à l'aliéné (*his medical attendant*) constatant qu'elle est, suivant lui, la véritable situation mentale et phy-

(1) La poursuite doit être faite dans l'année de la mise en liberté, et l'affaire doit être jugée dans le comté ou le bourg où les faits qui motivent l'action ont eu lieu. Si le jury rejette la demande, le plaignant doit payer au défendeur le double des frais du procès (*shall recover double costs*).

Lorsque la folie n'existe pas, le médecin qui atteste dans un certificat l'aliénation mentale se rend coupable d'un délit (*misdemeanor*) (16.17, Vict. c. 96, s. 13).

sique du *patient*. Ce rapport doit être le résultat d'un examen qui ait duré au moins deux jours. L'aliéné doit être visité, au moins une fois tous les quinze jours, par un médecin qui n'ait pas signé les certificats d'admission, qui n'ait aucun intérêt dans les bénéfices de l'*unlicensed house* et qui ne soit ni l'associé, ni le père, le fils ou le frère d'une personne y ayant un intérêt. A chaque visite, ce médecin doit consigner sur un registre spécial, « *medical visitation book* », ses observations sur l'état mental et la santé de l'aliéné, et sur la maison elle-même. Les *commissioners in lunacy* peuvent permettre, mais seulement par un écrit scellé et signé, de ne faire les visites qu'à des intervalles plus éloignés ; dans ce cas, si la personne à qui est confié l'aliéné est un médecin, il doit lui-même tenir un journal médical sur lequel, au moins une fois par quinzaine, il constate l'état de l'aliéné. Le *Medical visitation book* et le *Medical journal* doivent être représentés aux *commissioners in lunacy* toutes les fois qu'ils visitent l'aliéné, et tout médecin qui visite un aliéné seul ou qui s'est chargé de lui donner des soins doit, chaque année, du 10 au 17 janvier, leur faire un rapport constatant le résultat de ses observations. (8. 9 Vict. c. 100, s. 90; 16. 17 Vict. c. 96, ss. 4, 8, 12, 14, 16, 24 ; 25. 26 Vict. c. 111, ss. 24, 28, 41.)

La personne chez laquelle est l'aliéné, ne peut changer de résidence sans en avoir prévenu, sept jours au moins à l'avance, les *commissioners* et la personne qui a signé l'ordre d'admission. L'aliéné ne peut, sans la permission des *commissioners*, sortir de la maison, même momentanément pour l'amélioration de sa santé ou pour essayer s'il a recouvré la raison. S'il meurt, avis doit en être donné non-seulement aux *commissioners*, mais aussi au *coroner* (1) du district. (8. 9 Vict. c. 100, ss. 53, 54, 55, 90; 16. 17 Vict. c. 96, ss. 20, 21, 22; 25. 26 Vict. c. 111, s. 44.)

Dans les hôpitaux et les *licensed houses*, l'aliéné doit, dans les quarante-huit heures, être inscrit sur un registre spécial. Avis de son entrée est donné dans les vingt-quatre heures aux *commissioners in lunacy*, avec envoi de la copie des pièces qui justifient l'admission. Dans les sept jours, il doit aussi leur être adressé un rapport médical constatant la situation mentale et physique du *patient*, non au moment de son admission, mais sur les résultats d'un examen spécial prolongé au moins pendant deux jours. Le même avis et les mêmes pièces doivent être adressés aux *visitors*, en double, pour les maisons *licensed by justices*. Toute omission est poursuivie comme

(1) Ce magistrat est spécialement chargé de rechercher les causes des morts violentes ou accidentelles.

un délit. (8. 9 Vict. ss. 50, 52; 16. 17 Vict. c. 96, s. 24; 25. 26 Vict. c. 111, s. 28.)

Le livre des admissions contient une colonne intitulée *Form of mental disorders*, dans laquelle le médecin de l'établissement (*medical attendant*) doit, dans les sept jours de l'entrée, consigner ses observations sur la forme et le caractère de l'aliénation mentale. De plus, dans chaque établissement, il existe un livre de description des maladies (*medical case book*), sur lequel, pour chaque malade, est portée une notice détaillée et minutieuse de tous les faits qui peuvent permettre d'apprécier exactement quels étaient, au moment de son entrée, sa santé physique et son état mental, ainsi que les causes de l'aliénation (1). Pendant le mois qui suit l'entrée, les changements qui peuvent survenir dans l'état du malade doivent être notés sur ce livre une fois par semaine, et même plus souvent si le cas le requiert. Après le premier mois, une note doit être inscrite sur le livre, au moins une fois par mois (2) pour les malades récents et curables, et une fois tous les trois mois (3) pour les aliénés chroniques. (8. 9. Vict., c. 100, s. 60.)

Les médecins résidant dans les établissements, ou qui viennent y visiter les aliénés, doivent une fois par semaine ou à chaque visite, si elles se font à des intervalles moins fréquents, inscrire sur un autre livre (*Medical visitation book*), un rapport constatant le nombre, le sexe et l'état de santé de tous les aliénés; et indiquer nominativement ceux qui sont soumis à l'isolement (*seclusion*), ou à une contrainte quelconque (*restraint*), ceux qui suivent un traitement médical, ainsi que les médicaments et les remèdes qui leur sont prescrits, et ceux qui ont souffert quelques mauvais traitements (*ibid.*, s. 59).

Toute omission d'inscription sur les registres est punie d'une amende; toute inscription d'un fait qui n'est pas vrai (*untrue*) est poursuivie comme un délit.

Pour prévenir tout abus, la loi défend expressément de recevoir dans les *licensed houses* aucune personne non aliénée. Sont exceptées seulement les personnes libérées comme guéries après avoir été traitées dans la maison, ou celles qui depuis moins de cinq ans

(1) Les points principaux sur lesquels doit porter cette notice, sont indiqués avec soin dans un règlement fait par les *commissioners in lunacy*, en mars 1863. Ce règlement exige même que l'on consigne tous les renseignements qu'on a pu obtenir sur la vie antérieure et les habitudes de l'aliéné, et si dans sa famille il a déjà été observé des cas d'aliénation mentale.

(2) La loi porte *from time to time*, de temps en temps; mais les délais ont été fixés par des règlements des *commissioners*.

ont été traitées comme aliénées dans un autre établissement légal, et les parents ou amis des aliénés qui veulent, dans leur intérêt, demeurer avec eux. Ces personnes ne peuvent être admises que sur leur demande, pour le temps fixé par elles-mêmes, et avec le consentement par écrit des *commissioners in lunacy* ou des *visitors* (16. 17 Vict. c. 96 s. 4, 6; 18. 19 Vict. c. 105, s. 16; 25. 26 Vict. c. III, s. 18). Dans les hôpitaux, la jurisprudence admet qu'on peut recevoir comme pensionnaires des personnes qui, sans être aliénées, ont la conscience qu'elles n'ont pas assez d'empire sur elles-mêmes (*Want of power of Self control*), ou qui sont adonnées à des habitudes d'intempérance, ou qui craignent des attaques ou le retour de maladies mentales. Mais ces personnes doivent prendre l'engagement de se soumettre à une surveillance et à une direction, et de se conformer aux règlements et au système général de l'établissement.

Les réglements intérieurs pour les hôpitaux d'aliénés sont faits par les commissions spéciales qui administrent chacun d'eux. Ces règlements doivent être approuvés par un des secrétaires d'État. La loi exige qu'ils soient imprimés. Une copie en est envoyée aux *commissioners in lunacy*; une autre est affichée dans la chambre des *visitors* de l'hôpital. Les règlements pour tous les établissements particuliers (*licensed houses*) sont faits par les *commissioners*, avec la sanction d'un des secrétaires d'État (8.9 Vict. c. 100, s. 43; 16-17 Vict. c. 96, s. 30, 31). C'est à eux qu'il appartient aussi de prescrire la forme dans laquelle doivent être tenus le *Medical visitation book* et le *Medical journal*, dans les *unlicensed houses*, et le *Medical case book* dans les hôpitaux et les *licensed houses*, ainsi que les indications qu'ils doivent contenir.

Dans chaque hôpital, il doit résider un médecin ou un chirurgien, en qualité de *superintendent* et d'*attendant medical* (8. 9 Vict. c. 100, s. 43). Dans les *licensed houses* renfermant 100 aliénés au plus, la même obligation est imposée. Dans les établissements qui ont moins de 100 aliénés, la résidence d'un médecin n'est plus obligée, mais la maison doit être visitée régulièrement par un médecin de service (*attendant*). S'il y a 50 aliénés ou plus, le médecin doit faire sa visite tous les jours. Au-dessous de 50 aliénés, il doit faire au moins deux visites par semaine. Les *visitors* peuvent ordonner qu'il sera fait des visites plus fréquentes et même qu'il sera fait une visite chaque jour. Lorsque le nombre des aliénés ne dépasse pas 11, les *commissioners* et les *visitors* peuvent autoriser, par écrit, à faire moins de deux visites par semaine; mais, en aucun cas, il ne peut être fait moins d'une visite par quinzaine (*ibid*, ss. 57, 58).

Tout surintendant, officier, garde-malade, surveillant, domestique ou autre personne employée dans une maison d'aliénés, qui maltraite ou injurie un aliéné ou le néglige, est, suivant les cas, condamné à une amende de £ 20 (500 fr.), ou poursuivi comme coupable d'un délit. S'il est renvoyé pour s'être mal conduit, avis doit en être donné dans les sept jours aux *commissioners in lunacy*, avec indication de la cause du renvoi, afin qu'ils puissent veiller à ce qu'il n'entre pas dans un autre établissement (*ibid.* s. 56 ; 16. 17 Vict. c. 96, ss. 9, 26, 36).

Toutes les fois qu'un aliéné s'évade ou qu'il est repris, avis doit en être donné aux *commissioners* et aux *visitors*. Si l'évasion est due à la négligence ou à la connivence d'un employé, il est puni d'une amende de £ 20 (500 fr.). Si l'aliéné n'est repris qu'après un intervalle de plus de 15 jours, pour le réintégrer il faut un nouvel ordre et de nouveaux certificats de médecins (8, 9 Vict. c. 100, ss. 53, 87, 99 ; 25, 26 Vict. c. 111, s. 39) (1).

Lorsque l'aliéné meurt, des mentions spéciales avec indication de la cause de la mort et des circonstances de la dernière maladie sont inscrites sur les différents livres, dont il a été parlé précédemment. Les *commissioners* et les *visitors* en sont prévenus, ainsi que le *coroner* qui fait une enquête, s'il y a lieu.

§ 5. — Inspection et visite des établissements par les *commissioners in lunacy* et les *visitors* — Recherches et visites par les parents et amis. — Correspondance. — Mise en liberté des aliénés. — Gestion des biens des aliénés renfermés dans les *licensed houses* et les hopitaux.

Les *commissioners in lunacy* ont le droit de visiter, toutes les fois qu'ils le jugent convenable, les *licensed houses* et les *registered hospitals*. Ils peuvent même les visiter à toute heure de la nuit ; mais alors ils doivent être deux.

L'acte de 1845 avait institué une commission spéciale pour visiter les aliénés traités seuls. Depuis 1853, ce droit de visite appartient à tous les *commissioners*. Ils l'exercent quand il leur plaît, pourvu que ce soit en temps raisonnable, et font au conseil sur chaque visite un rapport qui est transcrit sur un registre spécial. (8, 9 Vict. c. 100, s. 91 ; 16, 17 Vict. c. 96, s. 27.)

(1) Les sorties momentanées, même pour cause de santé, doivent être autorisées suivant les cas par deux *commissioners* ou *visitors*, ou par le *committee* des *registered hospitals*. Un aliéné ne peut être transféré d'un établissement à un autre que sur l'ordre de la personne qui a le droit de la faire mettre en liberté et avec le consentement de deux *commissioners*. Le bill de 1853 donne aussi aux *commissioners* eux-mêmes le droit d'ordonner des translations.

Deux d'entre eux au moins, l'un médecin l'autre avocat, doivent visiter sans avis préalable : les hôpitaux au moins une fois par an ; les *licensed houses* quatre fois par an dans la circonscription de Londres où s'exerce leur juridiction immédiate (1), et deux fois par an ailleurs (*licensed houses by justices*). Le conseil des *commissioners* peut ordonner des visites plus fréquentes.

Dans ces visites, les *commissioners* sont investis des pouvoirs les plus larges pour faire des enquêtes sur tous les points prévus par les statuts. Ils doivent: inspecter la totalité des bâtiments ; voir chaque aliéné ; s'assurer si quelques-uns sont séquestrés ou soumis à une contrainte (*under restraint*) et quelle en est la cause ; vérifier les ordres d'entrée et les certificats ; se faire représenter les livres d'admission, les *medical visitation* et *medical case books* (2) ; constater si le service divin est célébré ; quelles sont les occupations habituelles et les amusements des aliénés ; le système de traitement auquel ils sont soumis ; si l'on n'emploie pas la coërcition, et dans ce dernier cas (*non-coercion*) quels sont les résultats obtenus ; quelles sommes ont été payées pour le compte des aliénés aux propriétaires ou aux surintendants des établissements, etc., etc. Tout propriétaire de *licensed house* ou tout surintendant d'hôpital qui ne ferait pas des réponses complètes et exactes (*full aud true to the best of his knowledge*) aux questions concernant les objets sur lesquels porte l'inspection, serait poursuivi comme coupable d'un délit (*misdemeanor*). Le résultat des inspections et des enquêtes doit être inscrit, à chaque visite, par les *visiting commissioners* sur un livre intitulé « *visitors' book* » et ils consignent sur un autre registre « *patients' book* » toutes les observations concernant plus particulièrement chaque aliéné. Dans les trois jours qui suivent la visite, les chefs des établissements sont obligés d'envoyer au conseil des *commissioners* une copie des dires ou mentions (*entries*) faites par les *visiting commissioners* sur les *visitors', patient's and medical books*. Les *visiting commissioners* doivent eux-mêmes après chaque visite dans les *licensed houses* et les hôpitaux en dehors de leur juridiction immédiate, en faire un rapport écrit au conseil, et leur rapport est transcrit par le secrétaire du conseil sur un registre spécial (8, 9 Vict., c. 100, ss. 61, 64, 65, 66, 69 ; 25, 26 Vict. c. 111, ss. 30, 35).

Outre ces visites générales, un ou plusieurs des *commissioners in*

(1) Sur la demande des *commissioners*, le lord chancelier peut réduire à deux le nombre des visites dans les maisons où il n'y a pas de *pauper lunatics*.

(2) Ils ont le droit, dans l'intervalle des visites, de se faire délivrer des copies des mentions inscrites sur ces livres.

lunacy sont tenus de visiter deux fois par an, au moins, les hôpitaux, qui sont tous placés sous leur surveillance particulière, et toutes les *licensed houses* de leur juridiction spéciale (Londres et sa circonscription).

Pour les maisons hors de cette juridiction (*houses licensed by justices*), les juges de paix en *quarter sessions* nomment chaque année, à des époques fixes, dans chaque bourg ou comté, pour remplir les fonctions de *visitors*, trois juges au moins et un médecin ou chirurgien. Ce dernier seul est payé (*remunerated*). La liste des *visitors* est publiée chaque année dans les journaux par le clerc des juges de paix. Ce clerc, ou à son défaut une personne nommée par les juges en session, remplit les fonctions de clerc des *visitors*. Les *visitors* et leur clerc prêtent le même serment que les *commissioners in lunacy* et leur secrétaire. Le traitement du *visitor* médecin et du clerc et les autres frais sont pris sur le produit des *licenses* et en cas d'insuffisance sur les fonds ou taxes du bourg ou comté (8, 9 Vict., c. 100, ss. 17 à 23).

Deux au moins des *visitors*, dont l'un doit être le médecin, sont obligés de visiter chaque *licensed house* du bourg ou comté au moins quatre fois par an, et plus souvent si les juges en session l'ordonnent. De plus, chaque maison peut être visitée en tout temps, et doit être visitée au moins deux fois par an, par un ou plusieurs des autres *visitors*. Sur la réquisition écrite du conseil des *commissioners in lunacy* ou de deux d'entre eux, ils ont le droit de visiter aussi les *unlicensed houses*, situées dans leur circonscription, où un aliéné est traité seul en payant pension. Les pouvoirs et les obligations des *visitors* en visite sont les mêmes que ceux des *commissioners in lunacy*. Ils peuvent comme eux faire des visites de nuit. Des copies, des mentions inscrites par eux sur les différents registres (*books*) sont envoyées aux *commissioners in lunacy* et au clerc des visiteurs par les chefs d'établissements, dans les trois jours de la visite. Les juges de paix doivent consulter ces copies au moment du renouvellement des *licences*. Il est prescrit aux *commissioners in lunacy* de prendre connaissance dans leurs visites des observations consignées par les *visitors* sur les registres; si dans l'examen qu'ils sont tenus de faire de l'état mental de chaque aliéné, ils remarquent, ou s'il leur est signalé un *patient* dont la reclusion ne paraît pas suffisamment justifiée, ou un cas douteux, ils doivent appeler sur ce patient l'attention des *visitors* par une mention sur le *patients' book*. Copie de cette mention est envoyée au clerc des *visitors*, qui doit requérir deux d'entre eux, dont l'un médecin, de visiter immédiatement l'aliéné désigné et prendre telle décision qu'ils jugeront convenable (8. 9 Vict., c. 100, ss. 21, 62 à 68, 71; 16, 16 Vict., c. 96, s. 15; 25. 26 Vict., c. 111, ss. 29, 36).

Tout parent ou ami d'une personne présumée renfermée comme aliénée, a le droit de demander aux *commissioners in lunacy* ou aux *visitors* de faire rechercher si cette personne est en effet détenue, ou si elle a été détenue dans le cours de l'année dans une *licensed house* ou un *hospital*. Si les *commissioners* ou les *visitors* jugent raisonnable de permettre cette enquête, ils font rechercher dans les rapports des visites, et si la personne désignée est ou a été en effet détenue, il est délivré au requérant une attestation écrite spécifiant la maison, le nom du directeur, la date de l'admission et, s'il y a lieu, la date de la sortie (8. 9 Vict., c. 100, ss. 83, 84).

Les parents ou les amis des aliénés, ou même les médecins et les autres personnes désignées par eux, peuvent visiter les aliénés avec une permission écrite des *commissioners in lunacy* ou des *visitors*, quel que soit le lieu où ils sont enfermés, excepté dans les prisons. La permission peut être limitée et temporaire, ou illimitée et perpétuelle. Si les directeurs d'établissement ou la personne qui détient l'aliéné refusent d'obéir à l'ordre d'admission, ou empêchent de voir l'aliéné par quelque moyen que ce soit (*prevent or obstruct*), ils sont punis d'une amende de £ 20 (500 fr.) (*ibid.*, s. 85.)

Toute lettre écrite par un aliéné renfermé dans un établissement ou traité seul, adressée soit aux *commissioners in lunacy*, soit aux commissions (*committees*) administrant les hôpitaux (1), soit au *committee to lunatic* (le tuteur), soit aux *visitors*, doit être remise à son adresse sans avoir été ouverte, à moins d'instructions spéciales contraires. Les lettres adressées à d'autres personnes doivent aussi leur être remises, mais le directeur de l'établissement ou la personne chez laquelle l'aliéné est en pension peuvent s'y opposer. Dans ce cas, l'opposition doit être constatée par une mention écrite sur la lettre même et signée, et les lettres doivent être remises aux *commissioners*, ou aux *visitors*, ou aux *committees* à leur première

(1) Ces commissions, qui exercent une surveillance active et continue sur les hôpitaux, sont considérées en Angleterre comme équivalant à l'institution des *visitors* pour les *licensed houses by justices* et même comme présentant plus de garanties ; c'est ce qui explique pourquoi la loi n'exige des *commissioners in lunacy* qu'une seule visite par an dans les hôpitaux. Les fondateurs d'un hôpital ou leurs héritiers et leurs mandataires (*assigns*) en sont de droit les *visitors*. A leur défaut le droit de visite passe à la couronne et il est exercé *in court of chancery*. Nous avons vu précédemment que ce sont les commissions des hôpitaux des aliénés qui font leurs règlements interieurs

visite, sous peine d'une amende qui peut s'élever jusqu'à £ 20 (500 fr.) par lettre (25. 26 Vict., c. 111, s. 40).

Les aliénés traités seuls (*single patients*) doivent être mis en liberté lorsque l'ordre en est donné par la personne qui les a placés en pension. Toutefois, si le médecin qui les traite s'y oppose, et certifie par écrit que dans son opinion ces aliénés sont dangereux et ne peuvent être laissés libres, ils ne peuvent être relâchés qu'avec le consentement écrit d'un des *commissioners in lunacy*. Le lord chancelier, qui est autorisé par la loi à donner tous les ordres et toutes instructions (*orders and directions*) dans l'intérêt de l'aliéné traité seul, a aussi le droit, sur le rapport des *commissioners*, d'ordonner qu'il sera retiré de la maison où il est placé, ou qu'il sera mis en liberté, même malgré l'opposition de la personne qui a donné l'ordre de traitement. Si l'ordre du lord chancelier n'est pas exécuté dans les trois jours de sa réception, le contrevenant est poursuivi comme coupable d'un délit (8. 9 Vict. c. 100, ss. 92, 93; 16, 17 Vict., c. 96, ss. 17, 18).

Lorsqu'un aliéné est guéri, les surintendants des hôpitaux, les propriétaires des *licensed houses* ou la personne qui a reçu en pension un aliéné seul, doivent en donner avis à la personne qui a signé l'ordre d'admission ou à celle qui a fait le dernier payement. Si le *patient* n'est pas retiré dans les quinze jours, les *commissioners in lunacy* et les *visitors* en sont prévenus et le font mettre en liberté (16. 17 Vict., c. 96, s. 19).

Tout aliéné placé dans un hôpital ou une *licensed house*, même non guéri, peut être mis en liberté sur l'ordre écrit de la personne qui a signé l'ordre d'admission; ou, en cas d'empêchement de cette personne, sur l'ordre du mari ou de la femme, ou du plus proche parent de l'aliéné, ou de la personne qui a fait le dernier paiment. Mais si le médecin de l'établissement s'oppose à la mise en liberté en certifiant par écrit que l'aliéné est dangereux, il doit être retenu jusqu'à ce qu'on rapporte le consentement écrit des *commissioners* ou des *visitors*. Dans tous les cas où une mise en liberté est ordonnée, il doit en être donné avis aux *commissioners* et aux *visitors*, et il doit en être fait mention sur les registres d'admission et de sortie (8. 9 Vict. c. 100, ss. 50, 54, 72, 73, 75). S'il n'existe aucune personne ayant qualité pour ordonner la mise en liberté, elle peut être ordonnée par les *commissioners in lunacy*, même en cas de non guérison lorsqu'ils le jugent convenable (25. 26, Vict. c. 111, s. 43). Ils peuvent d'ailleurs toujours et dans tous les cas, ainsi que les *visitors*, mettre en liberté tout aliéné qui leur paraît détenu *sans cause suffisante*, à moins que ce ne soit un *lunatic by inquisition*, ou un aliéné renfermé par ordre du secrétaire d'État de l'intérieur (1) ou d'une cour criminelle. Mais alors la mise en liberté ne peut être ordonnée que par deux *commissioners* ou deux *visitors*, après deux visites spéciales séparées par sept jours d'intervalle, et après avis donné, soit par lettre, soit par mention sur le *patients' book*, entre les deux visites, au directeur de l'établissement, qui doit prévenir la personne par l'ordre de laquelle l'aliéné a été renfermé. Lorsque l'aliéné est dans un hôpital ou dans une maison *licensed by justices*, il faut qu'un des deux *commissioners* soit médecin et l'autre *barrister*; un des deux *visitors* doit toujours être un médecin (2). Les deux visites doivent être faites par les mêmes *commissioners* ou *visitors*, et ils doivent prendre l'avis du médecin surveillant de l'établissement sur l'opportunité de la mise en liberté. Si elle est ordonnée contrairement à l'avis de ce médecin, il donne par écrit un exposé de ses motifs pour s'y opposer. Cet exposé est transmis aux *commissioners in lunacy* ou au clerc des *visitors*, suivant les cas, et transcrit sur un registre spécial. Il importe de faire remarquer que ces restrictions au droit de mise en liberté des *commissioners* ne leur sont même pas imposées pour les aliénés détenus dans les maisons dépendant de leur juridiction immédiate et auxquelles ils ont eux-mêmes accordé les *licences*; elles ne s'appliquent qu'aux hôpitaux et aux maisons *licensed by justices*. (8. 9. Vict., c. 100, ss. 76 à 81).

La loi ne pourvoit pas par une mesure générale à l'administration des biens des aliénés renfermés *under certificates*, mais elle autorise le lord chancelier, sur la demande des *commissioners in lunacy*, à obliger la personne qui a signé l'ordre d'admission, ou celle qui paye la pension et les dépenses d'entretien, ou celle qui gère les biens, à lui transmettre un compte rendu écrit, le plus exact qu'il lui est possible, de tous les détails concernant les biens des aliénés, le chiffre et l'emploi de leur revenu. S'il apparaît que les biens soient mal gérés ou que les revenus ne soient pas convenablement employés dans l'intérêt de l'aliéné, les *commissioners in lunacy* ont le droit de provoquer une déclaration d'aliénation *by inquisition*, dont la conséquence est la nomination d'un curateur aux biens sous la surveillance des *masters in lunacy*. Si les biens n'excèdent pas £ 1.000 (25.000 fr.) en capital ou £ 50 (1,250 fr.) de revenu an-

(1) Nous verrons au chapitre des prévenus aliénés dans quels cas le secrétaire d'État peut faire renfermer un aliéné.

(2) Nous avons vu qu'il n'est nommé des *visitors* que pour les maisons *licenced by justices*, qu'excepté un médecin, ils sont pris parmi les juges de paix et que leur juridiction ne s'étend pas au delà de leur district. Il ne faut pas les confondre avec les *visitors* des asiles dont il sera parlé au chapitre suivant.

nuel, ils peuvent même, sans recourir à la procédure d'*inquisition*, obtenir du lord chancelier qu'il soit pris directement toutes les mesures nécessaires pour que les biens soient convenablement administrés (1)(8. 9 Vict., c. 100, s. 94; 16, 17 Vict. c. 70, s. 54; 16, 17 Vict. c. 96, s. 23; 25. 26 Vict. c. 86, ss. 12, 13, 14).

CHAPITRE II.

PAUPER LUNATICS.

Du point de vue de la loi sur les aliénés, sont considérés comme pauvres (*pauper*), non-seulement ceux qui vivent de la taxe des pauvres, mais tous ceux qui n'ont pas les ressources suffisantes pour subvenir aux frais d'une pension et d'un traitement.

§ 1. — *Pauper lunatics* traités à domicile et dans les *work houses*.

Nous avons dit que les asiles avaient été institués pour les aliénés pauvres (*pauper lunatics*); il ne faudrait pas en conclure qu'ils sont tous nécessairement envoyés dans les asiles. La loi autorise les *guardians* des pauvres à allouer des secours suffisants pour laisser les aliénés aux soins de leurs familles ou de les mettre en pension chez des étrangers. Ils peuvent même les placer dans les *work houses*, simples maisons de refuge et de travail pour les pauvres. Mais ces mesures ne peuvent être prises qu'à l'égard des aliénés qui ne sont pas dangereux et dont l'état mental n'exige pas un traitement médical ou des soins particuliers.

Avant la loi de 1862 (25. 26 Vict., c. 111), l'envoi dans un *work-house* pouvant être arbitrairement ordonné sans remplir les formalités légales exigées pour l'envoi dans un asile, il en était résulté quelques abus. En 1860, un comité d'enquête de la chambre des communes se plaignait du nombre des *pauper lunatics* renfermés dans les *workhouses*. Il constatait que ce nombre s'élevait à 6,800 au 1er janvier 1867, et à 7,632 au 1er janvier 1869, parce qu'on y envoyait : 1° des aliénés inoffensifs qui, astreints seulement à une légère surveillance, eussent été capables de se livrer régulièrement à des occupations utiles; 2° des personnes dont la faiblesse d'esprit n'était la conséquence que de l'épilepsie, de la paralysie ou d'un âge avancé. Il se plaignait aussi de ce que dans plusieurs *worck*

(1) Les mesures que peut prendre le lord chancelier ont été précédemment indiquées au paragraphe concernant les aliénés *not so found by inquisition*, page 14; voir aussi page 11.

houses il n'y avait pas de quartier séparé pour les aliénés, qu'on les soumettait souvent à une contrainte physique (*mechanical restraint*) par suite de l'imperfection de l'aménagement intérieur, et que les médecins du *workhouse* n'avaient pas toujours les connaissances spéciales nécessaires pour traiter les aliénés. Pour prévenir les conséquences fâcheuses qui résultaient de cet état de choses, l'acte de 1862 porte (s. 20) qu'aucun aliéné, ou prétendu aliéné, ne sera détenu dans un *workhouse* pendant plus de quatorze jours, à moins que le médecin officiel de la paroisse ou de l'union dont dépend le *workhouse*, n'atteste par écrit que cet aliéné est dans des conditions qui permettent de l'y conserver, ou à moins que les aménagements du *worckhouse* ne soient suffisants pour le recevoir convenablement; hors ces deux cas, les aliénés doivent être envoyés à l'asile en remplissant les formalités légales.

Les *commissioners in lunacy*, ou seuls ou plusieurs réunis, ont le droit, sous la direction de leur conseil (*as shall by any resolution of the board direct*) de visiter les *workhouses* qui renferment des aliénés et de vérifier si les prescriptions de la loi sont remplies, et quels sont : leur régime, le mode de traitement et l'aménagement intérieur. Ils en font un rapport au conseil des commissaires pour l'exécution de la loi des pauvres (*poor law Board*, 16, 17 Vict., c. 96, ss. 28, 29). Ils peuvent même nommer des personnes compétentes pour examiner tout aliéné placé dans un *workhouse*, lorsqu'ils le jugent utile, et ils ont le droit d'ordonner que les aliénés seront transférés du *workhouse* dans un asile. Dans ce cas, leur ordre écrit suffit pour que l'aliéné doive être reçu. Si les *guardians* de la paroisse pensent que l'aliéné devait être maintenu dans le *workhouse*, ils peuvent appeler de cet ordre au secrétaire d'État de l'intérieur (25.26. Vict., c. III, ss. 31, 33).

Tous les trois mois, tous les *pauper lunatics* qui reçoivent des secours à domicile, doivent être visités par le médecin officiel de la paroisse de l'union ou du district de leur résidence, et ceux qui sont dans les *workhouses*, par le médecin officiel du *workhouse*. Ces médecins en dressent des listes sur lesquelles ils doivent indiquer les aliénés qui dans leur opinion doivent être envoyés dans un asile; et pour ceux qui sont dans les *workhouses*, s'ils peuvent y être laissés et si le *workhouse* est suffisant pour recevoir convenablement les aliénés qui y sont détenus. Ces listes sont soumises dans les sept jours qui suivent l'expiration du trimestre, aux *guardians* ou *overseers* des paroisses ou unions, qui eux-mêmes, dans les trois jours, doivent les adresser aux *commissioners in lunacy* et en envoyer une copie aux clercs des *visitors* de l'asyle du bourg ou du comté (16.17 Vict., c. 97, s. 66; 25.26 Vict., c. III, s. 21). De même tous les trois mois, les *visiting committees* des unions et paroisses ou les *overseers*, lorsqu'il n'y a pas de *committee*, doivent, en visitant les *workhouses*, consigner par écrit sur un registre spécial leurs observations sur le régime, l'aménagement et le traitement des aliénés du *workhouse*, et ce livre doit être représenté aux *commissioners in lunacy*, à toutes les visites par eux faites (*ibid.*, s. 37).

L'encombrement des asiles et des autres établissements, provenant de l'accroissement constant du nombre des aliénés renfermés pour guérir ou améliorer leur état mental, ayant fait sentir la nécessité de prendre des dispositions spéciales pour les aliénés chroniques et incurables, la loi de 1862 a autorisé à les placer dans les *workhouses*. Ils y sont transférés après que l'incurabilité a été constatée par un séjour dans les asiles (1). Aucun *workhouse* ne peut recevoir des incurables avant d'avoir été approprié à cette destination dans des conditions déterminées par les *commissioners in lunacy* et le président du *Poor law Board*. Ces conditions sont telles qu'elles assimilent presque complétement aux asiles, sous le rapport de l'aménagement, des soins et du régime, les quartiers des *workhouses* où sont renfermés les aliénés incurables (2) (25. 26. Vict., c. III, s. 18; 26.27 Vict., c. 110, s. 2).

§ 2. — Asiles. — Admission des *pauper lunatics* et des aliénés envoyés d'office.

Dans le système général de la loi sur les aliénés, le traitement à domicile avec secours et le placement dans les *workhouses* ne sont que des exceptions; la règle générale et légale, c'est que tout *pauper lunatic* doit être envoyé à l'asile, dès qu'il est établi que son état réclame une surveillance, et qu'il est nécessaire qu'il soit renfermé pour recevoir des soins et être traité (*a proper person to be taken charge of and detained under care and treatment*) (3).

(1) Le *workhouse* n'est dans ce cas destiné qu'à recevoir le trop-plein des asiles et il n'est pas assimilé à l'asile, en ce sens qu'on ne peut y renvoyer directement les aliénés. Il ne peut recevoir les aliénés incurables que par suite d'un arrangement spécial intervenu entre les visiteurs de l'asile et les *guardians* de la paroisse dont dépend le *workhouse*.

(2) Voir le dix-huitième rapport des *commissioners in lunacy* (1864); le *Poor law Board* ne permet pas de placer dans les quartiers des incurables les aliénés dangereux ou violents.

(3) Il importe de faire remarquer que cette formule implique que c'est surtout en vue d'un traitement et des soins à lui donner que l'aliéné pauvre est renfermé. Avant la loi de 1853 (16.17 Vict., c. 97), la formule était différente. L'aliéné ne devait être

Tout médecin officiel (*medical officer*) d'une paroisse, informé qu'un indigent est ou paraît aliéné et qu'il est dans les conditions prévues par la loi, doit, sous peine de £ 10 (250 fr.) d'amende, en donner avis dans les trois jours au *relieving officer* (officier de l'assistance publique) ou à son défaut à l'*overseer* de la paroisse. Le *relieving officer* ou l'*overseer* ainsi prévenus, ou qui apprennent par une voie quelconque qu'un indigent résidant dans leur paroisse es supposé aliéné (1), doivent dans le même délai de trois jours, e aussi sous peine d'amende, en prévenir un des juges de paix du bourg ou du comté (16. 17 Vict. c. 97, ss. 67, 70; 25. 26 Vict. c. 111, s. 19).

Le juge de paix, sur l'avis reçu du *relieving officer* ou de l'*overseer*, ou même *d'office* lorsqu'il sait qu'il existe dans sa juridiction un indigent aliéné, doit dans les trois jours faire amener devant lui l'aliéné présumé, ou s'il le préfère se transporter à sa résidence et l'examiner avec l'assistance d'un médecin (2). Lorsque ce médecin délivre un certificat constatant que l'individu est aliéné et qu'il convient qu'il soit enfermé ou soumis à un traitement, le juge de paix, s'il est aussi personnellement convaincu qu'il y ait aliénation, donne l'ordre de placer le *patient* dans un asile. Cet ordre est exécuté à la diligence du *relieving officer* ou de l'*overseer*. Si le juge de paix n'était pas d'avis qu'il y eût aliénation, il pourrait malgré l'avis du médecin, refuser l'ordre. Mais si au certificat du médecin appelé par le juge, se joignait un certificat du médecin officiel de la paroisse ou du médecin du *workhouse*, lorsqu'il s'agit d'un aliéné du *workhouse* (3), le juge de paix doit délivrer l'ordre même s'il ne partage pas l'avis des médecins. (16. 17 Vict., c. 97, s. 67.)

Si le *pauper lunatic*, à raison de sa santé ou pour toute autre cause ne pouvait être convenablement amené devant le juge de paix, il

renfermé que quand la sûreté et la sécurité de la société l'exigeaient; quand il était *a proper person to be confined*, portait le statut 8. 9 Vict. c. 126. Il en résultait que l'aliéné pauvre, non dangereux, n'avait légalement droit à aucun soin et à aucun traitement.

(1) Ces officiers n'ont pas à se préoccuper, comme le médecin officiel, si l'aliéné remplit les conditions légales nécessaires pour être envoyé à l'asile; il suffit qu'il y ait présomption d'aliénation.

(2) Le médecin est appelé et taxé par le juge de paix.

(3) Ces doubles certificats se rencontrent toutes les fois que la nécessité d'envoyer à l'asile est signalée par le *medical officer* ou par le médecin du *workhouse*. Il importe, quant à ce dernier, de faire remarquer qu'il est obligé, comme le *medical officer* pour la paroisse, de prévenir le *relieving officer* ou l'*overseer* dès qu'il reconnaît que l'état d'un des aliénés du *workhouse* exige qu'il soit envoyé à l'asile. Il est procédé dans ce cas comme si l'aliéné n'était pas déjà renfermé, (25.26 Vict., c. III, s. 20).

pourrait être examiné à son domicile ou ailleurs par le ministre officiant (*officiating clergyman*) de la paroisse et le *relieving officer* ou l'*overseer*. Dans ce cas, ils procèdent comme eût procédé le juge de paix et ils ont les mêmes pouvoirs (*ibid.*).

Outre le juge de paix et l'*officiating clergyman* assisté du *relieving officer* ou de l'*overseer*, les *commissioners in lunacy* réunis, ou au moins deux d'entre eux, ont le droit d'envoyer aux asiles les *pauper lunatics* dont l'état leur paraît exiger qu'ils y soient renfermés. Lorsque l'aliéné est dans un *workhouse*, ce droit n'est soumis à aucune restriction; s'il est libre, avant de donner l'ordre d'envoi, les *commissioners* doivent procéder comme le juge de paix avec l'assistance d'un médecin (25-26 Vict. c. 111, ss. 31, 32, 33).

Nous devons rappeler ici qu'en faisant l'exposé de la législation qui a créé les asiles (1), nous avons dit que les bourgs et comtés auxquels les ressources manquaient pour les construire, avaient été autorisés à traiter pour la réception de leurs aliénés avec les *registered hospitals* ou des *licensed houses*. Les conditions et le mode d'admission des *pauper lunatics* dans les établissements avec lesquels il a été ainsi fait des traités, sont les mêmes que s'ils étaient des asiles proprement dits, quoique sous d'autres rapports ils ne leur soient pas complétement assimilés.

L'ordre de réception dans un asile ne peut recevoir son exécution plus de sept jours francs après la date du certificat médical, Cet ordre doit être accompagné d'un exposé (*statement*) semblable à ceux qui sont joints aux ordres concernant les *lunatics under certificates* reçus dans les établissements ordinaires (2). Si l'ordre et les certificats sont irréguliers, ils doivent être régularisés dans les quinze jours avec l'autorisation des *commissioners in lunacy*, qui, si la régularisation n'est pas effectuée, peuvent mettre le *patient* en liberté. Les certificats ne peuvent être signés par le père, le fils, le frère ou l'associé de la personne qui a signé l'ordre d'admission, ni par le médecin de l'asile où est envoyé le *patient* (16, 17 Vict. c. 97, ss. 73, 75, 76, 87; 25. 26 Vict. c. 111, s. 27).

Créés spécialement pour recevoir les aliénés indigents des bourgs et comtés auxquels ils appartiennent et leur assurer des soins et un traitement, les asiles peuvent cependant, dans certains cas, recevoir des aliénés étrangers au bourg et au comté, et des aliénés non indigents. Lorsqu'ils sont plus que suffisants pour les aliénés du district, ils peuvent recevoir ceux des autres bourgs et comtés; il leur

(1) Chap. I, § 3, page 19.
(2) Chap. I, § 4, page 20.

est même permis alors de recevoir des aliénés placés par leurs familles et payant pension, dans les conditions où les recevraient les *hospitals* et les *licensed houses*, et en remplissant les formalités imposées par la loi pour l'admission des *lunatics under certificates* (16.17 Vict., c. 97 ss. 43, 74).

C'est aussi dans les asiles, ou à leur défaut dans les établissements qui leur sont assimilés que sont envoyés les aliénés placés d'office. Nous avons déjà vu (1) comment et dans quelles circonstances peuvent y être envoyés les aliénés qui ne sont pas convenablement soignés ou surveillés par leurs familles, ceux qui sont maltraités ou négligés. C'est également dans ces asiles que doivent être renfermés les aliénés errants ou sans domicile connu. Tout aliéné vagabond ou errant doit être amené devant un des juges de paix du lieu où il a été trouvé, soit sur l'ordre de ce magistrat, soit d'office par les *constables* ou les *relieving officers* ou les *overseers*, qui les ont rencontrés ou qui ont été prévenus de leur présence dans le district. Le juge de paix procède de la même manière que pour les aliénés maltraités ou négligés (1), et après une double enquête faite par lui d'abord et ensuite par deux juges de paix, avec l'assistance d'un médecin, si l'aliénation est constatée, l'aliéné est envoyé à l'asile (*ibid.*, s. 68).

Dans tous les cas où il y a lieu au placement d'office, l'aliéné peut être conservé ou réclamé par ses parents ou par ses amis, mais ils doivent justifier aux juges de paix saisis, ou aux *visitors* de l'asile où a été envoyé l'aliéné, qu'il sera convenablement traité (*ibid.*).

Les asiles des bourgs et comtés de la circonscription des juges de paix qui délivrent les ordres de placement des aliénés, ne peuvent refuser l'admission à moins qu'ils n'aient plus de places vacantes. Dans ce cas l'aliéné est conduit à l'asile d'un autre bourg ou comté, ou dans un hôpital ou une *registered house*; mais l'asile ou les autres établissements peuvent alors exiger, avant de recevoir l'aliéné, que les *guardians* ou les *overseers* du lieu où demeure l'aliéné ou de celui où il a été arrêté, prennent l'engagement de payer sa dépense et de le retirer à toute réquisition (*ibid.* ss. 43, 53, 72, 73, 78).

Chaque asile est placé sous la surveillance et le contrôle d'un conseil ou comité de sept *visitors* au moins, nommés annuellement par les juges de paix du lieu auquel il appartient (2). Si l'asile a été

(1) Chap. 1, § 2, page 14.

(2) Ces *visitors* sont nommés par les conseils des bourgs, qui dans les six mois de l'acte 16.17 Vict. c. 97 ont déclaré se charger de l'érection de l'asile sans le concours des juges de paix. (ss. 129 et 130 de cet acte, et 18.19 Vict., c. 105, ss. 6,7.)

construit à l'aide de souscriptions, les souscripteurs réunis élisent aussi parmi eux des *visitors*, dont le nombre a dû être fixé par l'acte de souscription. Si l'asile appartient à plusieurs bourgs réunis, deux juges de paix de chaque bourg adjoint sont désignés comme *visitors* par le *recorder* de ce bourg, et se joignent au comité des *visitors* du bourg qui a fondé l'asile (*ibid.* ss. 20 à 23, 27, 28).

Deux au moins des membres du comité des *visitors* doivent, au moins tous les deux mois, visiter ensemble l'asile; l'inspecter dans toutes ses parties; voir et examiner autant que cela est possible chaque aliéné; vérifier la régularité des admissions, et les livres constatant la situation sanitaire et mentale et les résultats des visites médicales ou d'inspection. Les comités des *visitors* font chaque année un rapport du résultat de leurs visites aux juges de paix du bourg ou du comté, et une copie de ce rapport doit être envoyée aux *commissioners in lunacy* (*ibid.*, ss. 61, 62).

Les *guardians* et les *overseers* des pauvres ont le droit de visiter les *pauper lunatics* renfermés dans les asiles, et de les faire visiter par des médecins par eux commis à cet effet. Mais le *medical officer* de l'asile peut refuser de leur laisser examiner un aliéné lorsqu'il croit que cet examen, à raison de son état actuel, pourrait lui être nuisible (*ibid.*, s. 65). Tous les six mois, le surintendant de chaque asile transmet aux *guardians* de chaque paroisse ou union de paroisses, un rapport constatant la situation de chacun des aliénés à la charge de cette paroisse.

Les *commissioners in lunacy* visitent tous les asiles. La loi de 1845 obligeait deux au moins d'entre eux, dont l'un devait être un médecin et l'autre un *barrister*, à visiter chaque asile au moins une fois par année et à faire toutes les constatations qui pouvaient intéresser leur santé ou leur bien-être (8-9 Vict. c. 100, s. 110). L'acte de 1862 leur permet de visiter les asiles en tout temps et toutes les fois qu'ils le jugent convenable, en donnant à chaque *commissioner* visiteur les pouvoirs que la loi de 1845 donnait seulement à deux *commissioners* réunis (25-26 Vict. c. 111, s. 30).

Enfin le lord chancelier et le ministre de l'intérieur ont le droit de faire visiter les asiles, soit par les *commissioners*, soit par toute autre personne toutes les fois qu'ils le jugent utile, et de se faire rendre compte de l'état de ces asiles et de la situation des aliénés qui y sont renfermés (8-9 Vict. c. 100, s. 112, 113).

Les règlements généraux pour la direction (*government*) des asiles sont faits par les comités des *visitors* et soumis à l'approbation d'un des secrétaires d'État. Il leur appartient aussi de faire des règlements particuliers concernant l'administration intérieure, le nombre et la qualité des employés, leur salaire, le régime des malades, etc. Ils doivent nommer dans chaque asile un chapelain, un médecin résidant et un surintendant résidant pris parmi les médecins de l'établissement; ils ne peuvent prendre pour surintendant une autre personne qu'un médecin sans l'autorisation du secrétaire d'État. Outre les médecins résidants, ils peuvent nommer des médecins non résidants qui viennent visiter les aliénés. Ceux des aliénés qui n'appartiennent pas à l'église anglicane (*established church*), peuvent, sur leur demande spéciale ou celle de leurs amis, être visités par des ministres de leur communion, avec le consentement du médecin de l'établissement et dans les conditions qu'il détermine (16. 17 Vict. c. 97, ss. 53, 55).

Les asiles sont d'ailleurs soumis aux mêmes obligations que les *hospitals* et les *licensed houses* en ce qui concerne : la tenue du livre des admissions (*register of patients*), et celle du *medical journal* et du *case book*; les avis et les pièces, ou les copies à transmettre aux *commissioners in lunacy* et aux *visitors*; les visites que peuvent recevoir les aliénés, les évasions, translations, mauvais traitements, etc. (1).

Chaque année les comptes des dépenses sont reçus par le comité des *visitors*, qui doit en faire son rapport aux *quarter sessions* ou au conseil du bourg. Des extraits de ces comptes sont envoyés au secrétaire d'État, aux clercs des justices de paix et aux *commissioners in lunacy*, qui prescrivent la forme dans laquelle ces extraits doivent être faits et en soumettent des copies aux deux chambres du parlement (*ibid.* ss. 58, 59, 60).

Tous les six mois il est dressé une liste des *pauper lunatics* de chaque asile, et au mois de janvier des listes générales de tous les aliénés à la charge de chaque paroisse, renfermés dans les asiles, les *registered hospitals* et les *licensed houses*, ou maintenus dans les *workhouses* ou secourus à domicile; ces listes doivent être transmises aux *visitors*, aux clercs des juges de paix et aux *commissioners in lunacy*. Les listes générales du mois de janvier sont de plus envoyées au *poor law Board* (*ibid.* s. 63, 64; 25-26 Vict. c. 111, s. 34).

Les *licensed houses* et les *registered hospitals* qui reçoivent des *pauper lunatics*, restent soumis en ce qui concerne ces aliénés, aux mêmes règles que pour les aliénés ordinaires, sauf pour les admissions qui se font comme dans les asiles. Les *visitors* de ces établissements et les *commissioners in lunacy* sont obligés par la loi (8-9 Vict. c. 100., ss. 64, 82), de veiller avec un soin spécial sur la manière dont y sont

(1) Voir chap. I, §§ 4 et 5.

traîtés les *pauper lunatics*. Ils ont le droit de prescrire et d'imposer le régime qu'on doit leur faire suivre. Les *guardians* et les *overseers* des paroisses ou districts, et les médecins désignés par eux, ont le droit d'y visiter leurs aliénés indigents.

Le droit de mettre en liberté les aliénés renfermés comme *pauper lunatics*, n'appartient pas à l'autorité qui a donné l'ordre d'admission. Pour les aliénés détenus dans les asiles, trois des *visitors* ou deux seulement, mais avec l'avis du médecin de l'asile, peuvent ordonner la mise en liberté de tout aliéné guéri ou non guéri, ou sa sortie à titre d'essai (1). L'ordre de sortie est transmis aux *relieving officers* ou aux *overseers* du lieu où est l'asile ou du lieu du domicile de l'aliéné, qui, suivant les cas, font conduire l'aliéné libéré dans sa paroisse ou au *work-house* (16-17 Vict., c. 97, ss. 79, 80). Les *visitors* sont aussi autorisés à rendre tout *pauper lunatic* à ses parents ou à ses amis qui le réclament, en leur faisant souscrire l'engagement de ne plus laisser cet aliéné à la charge de la paroisse, de lui donner les soins convenables et de prendre les précautions nécessaires pour qu'il ne puisse nuire ni à lui-même, ni aux autres (*ibid*. s. 81). Toute mise en liberté doit être notifiée aux *commissioners in lunacy* (8-9 Vict., c. 100, s. 54).

La mise en liberté des *pauper lunatics* détenus dans les *licensed houses* et les *registered hospitals*, guéris ou non guéris, peut être ordonnée par les *guardians* de la paroisse de l'aliéné, en exécution d'une décision écrite (*minute*) de leur conseil (*board*). Le propriétaire ou le surintendant de l'établissement ne peut refuser d'exécuter cet ordre, à moins que le médecin de l'établissement ne certifie que l'aliéné est dangereux et ne peut convenablement être laissé libre. Dans ce cas, l'aliéné ne peut sortir que sur l'autorisation écrite donnée par les *commissioners in lunacy*, après que le certificat du médecin leur a été communiqué. Dans les paroisses qui n'ont pas un *board of guardians*, la sortie peut être ordonnée dans les mêmes conditions, par l'*officiating clergyman* et l'*overseer* réunis, ou par deux des juges de paix du comté ou du bourg dont dépend la paroisse de l'aliéné (8-9 Vict., c. 100, ss. 74, 75).

Les *visitors* des *licensed houses by justices*, dans ces établissements, et les *commissioners in lunacy* dans toutes les *licensed houses* et les

(1) Dans le cas de sortie pour essai, les *visitors* sont autorisés à allouer au *patient* une somme égale à celle qui eût été payée pour lui s'il fût resté à l'asile. Le délai d'essai est fixé. A son expiration, si l'aliéné ne justifie pas par un certificat de médecin que sa détention dans l'asile n'est plus nécessaire, il doit rentrer ou il est repris comme évadé.

registered hospitals, peuvent ordonner la mise en liberté des *pauper lunatics* qui y sont détenus sans cause suffisante, comme s'ils étaient des aliénés ordinaires (1), après deux visites spéciales à sept jours d'intervalle. Seulement entre les deux visites, ils doivent prévenir de leur intention les *guardians* et les *overseers* de la paroisse de l'aliéné (*ibid*. ss. 76, 80). En cas de guérison, les propriétaires ou les surintendants des établissements doivent en prévenir les *guardians* ou les *overseers* ou le clerc des juges de paix, suivant que les aliénés sont à la charge de leur paroisse ou du comté. Si les *pauper lunatics* ne sont pas retirés dans les quinze jours qui suivent, avis en est donné aux *commissioners in lunacy* et aux *visitors* (16-17 Vict., c. 96, s. 19).

Les dépenses des aliénés indigents maintenus dans les *workhouses*, ou traités et secourus à domicile, sont prises sur les fonds ordinaires de la taxe des pauvres. Les dépenses des *pauper lunatics* envoyés dans les asiles, les hôpitaux et les *licensed houses*, sont payées par la paroisse ou l'union de paroisses d'où l'aliéné a été envoyé. Le taux de cette dépense est fixé de gré à gré avec les hôpitaux et les *licensed houses*. Pour les asiles, il est fixé par les comités des *visitors* de chaque établissement, et ne doit pas, aux termes de l'article 54 de l'acte 16.17 Vict., c. 97, excéder 14 *shillings* par semaine, tout compris : logement, entretien, soins, médicaments, habillements et salaires des fonctionnaires et gens de service. Cependant il peut être augmenté par les juges de paix en *quarter sessions*, s'il est démontré qu'il est insuffisant.

Sur la réclamation de la paroisse chargée du payement, la dépense peut, suivant certaines distinctions dérivant de la loi des pauvres, être mise à la charge de la paroisse du domicile légal (*settlement*) ou de celle du lieu de naissance de l'aliéné, ou à la charge du fonds commun.

Quand l'aliéné possède des biens plus que suffisants pour l'entretien de sa famille, ses dépenses sont mises à sa charge. Les juges de paix donnent l'ordre aux *overseers* de la paroisse chargée de payer pour lui, de saisir une partie de ses biens ou de ses revenus, suffisante pour payer les dépenses; ils peuvent même à défaut de revenus ou de capitaux suffisants, faire vendre des immeubles. Lorsque les parents de l'aliéné légalement obligés de subvenir à ses besoins, et notamment le mari d'une aliénée, ne sont pas dans l'indigence, on les oblige à payer la pension (7-8 Vict., c. 101, s. 27; 16-17 Vict., c. 97, ss. 94, 104, 105; 13-14 Vict., c. 101, s. 5).

(1) Voir chap. I, § 5, page 30 les formalités à remplir.

Ces mesures sont indépendantes du droit que le lord chancelier a toujours de pourvoir directement à l'administration des biens des aliénés, lorsqu'ils ont peu d'importance, pour leur assurer un traitement convenable et subvenir aux besoins de leur famille (1).

Dans le comté de Middlesex, il a été établi à l'aide de souscriptions un fonds de secours pour assister les aliénés guéris et pourvoir à leur nourriture et leur entretien, depuis le moment où ils quittent l'asile jusqu'à celui où ils peuvent reprendre leurs travaux ordinaires. On se préoccupe en Angleterre de l'utilité qu'il y aurait à généraliser cette institution. Dans leur trentième rapport (1859), les *commissioners* constatent que souvent les aliénés guéris sont sans domicile et sans ressources en sortant de l'asile, et qu'ils ne peuvent même pas trouver une place dans les *workhouses*. Il en résulte, disent-ils, qu'on est obligé de les conserver dans les asiles au delà du temps nécessaire pour leur guérison, ce qui entraîne une dépense considérable et inutile. Ils en concluent que l'établissement d'un fonds de secours pour les aliénés libérés, est à la fois une question d'humanité et une question d'économie.

CHAPITRE III.

CRIMINAL LUNATICS, AND INSANE PRISONERS.

Toute personne en état d'aliénation mentale arrêtée dans des conditions qui dénotent le projet de commettre un acte criminel, ou tout aliéné dangereux, doit être envoyée par deux juges de paix, sur l'avis d'un médecin, dans l'asile du comté, ou, s'il n'y en a pas, dans un hôpital ou une *licensed house*. Il y reste détenu aux frais de la paroisse de son domicile, ou, si ce domicile est inconnu, aux frais du comté ou du bourg où il a été arrêté. Les parents, les amis de cet aliéné peuvent le réclamer; mais, il ne doit leur être rendu que s'ils prennent l'engagement sous caution de veiller à ce que sa conduite soit paisible ou de le tenir en lieu de sûreté. Cet engagement (*recognizance*) peut être pris devant deux juges de paix, ou devant une cour de *quarter sessions*, ou devant un des juges des cours de Westminster (1-2 Vict. c. 14, s. 2) (2).

Lorsqu'une personne traduite devant le jury, a été acquittée

(1) Voir chap. I, §§ 1, 2 et 5, pages 11, 14 et 30.

(2) Avant ce bill, qui est de 1838, les aliénés dangereux étaient mis en prison. On voit que même aujourd'hui, il est pris moins de précautions pour les enfermer, que pour enfermer les aliénés errants. V. page 36.

comme étant aliénée au moment où le crime ou le délit ont été commis; ou qu'une personne accusée d'un crime ou d'un délit est reconnue aliénée au moment du jugement, soit par le jury qui doit statuer sur l'accusation, soit par un jury réuni pour constater si cette personne est réellement aliénée (1), la cour a le droit d'ordonner qu'elle sera détenue jusqu'à ce que le roi ait fait connaître son bon plaisir. Sur la requête qui lui est présentée après l'arrêt afin de faire sortir l'aliéné de la prison, le roi ou plutôt le secrétaire d'État auquel il a délégué ses pouvoirs, donne l'ordre de recevoir cet aliéné dans un asile jusqu'à ce qu'il en ait autrement ordonné (39-40 Geo. III, c. 94; 3-4 Vict. c. 54, s. 3).

Lorsqu'un détenu qui subit une condamnation pour crime ou délit, ou un individu incarcéré pour dette ou pour toute autre cause civile, est atteint d'aliénation mentale, le fait de l'aliénation est constaté par deux juges de paix assistés de deux médecins. Sur leur attestation que le détenu est aliéné, le secrétaire d'État donne l'ordre de le transférer dans tel asile, ou tel autre établissement pour les aliénés qu'il juge convenable (3-4 Vict. c. 54). Ce mode de procéder a donné lieu à quelques abus. En 1863, Townley, personnage appartenant à la haute société de Londres, condamné à mort pour avoir assassiné miss Goodwin, fut, quelques jours après sa condamnation, déclaré aliéné sur l'attestation de deux juges de paix et d'un médecin, et transféré par ordre du secrétaire d'État de la prison dans un asile. Cette translation ne permettait plus l'exécution de la condamnation à mort. Le crime de Townley avait eu un grand retentissement en Angleterre. L'opinion publique s'émut d'autant plus de le voir échapper à la peine capitale que, vers la même époque, une commutation de peine sollicitée par la presse pour un condamné de bas étage coupable de faits identiques, avait été refusée et qu'il avait été exécuté. Les réclamations furent si vives qu'une enquête fut ordonnée. Elle amena la preuve que Townley n'était pas aliéné. La déclaration d'aliénation avait été obtenue par les sollicitations de l'attorney du condamné. Pour prévenir le retour de pareils faits, un acte de 1864 (27-28 Vict. c. 29, s. 2) a enlevé aux juges de paix le droit de certifier l'aliénation mentale d'un con-

(1) La législation anglaise reconnaît que l'individu qui commet un crime au moment où il est atteint d'aliénation mentale, n'est pas responsable de son action; elle admet aussi que s'il est atteint d'aliénation depuis le crime commis, il en reste responsable; mais que la mise en accusation ou le jugement doivent être suspendus dès que l'aliénation est constatée; si l'aliénation survient dans le délai qui s'écoule entre le jugement et son exécution, il doit être sursis à cette exécution. (Blackstone, *book* IV, chap. 2).

damné à mort. Aux termes de cet acte, le secrétaire d'État prévenu de l'aliénation mentale par les juges qui visitent habituellement les prisons (*visiting justices*), ou par le directeur de la prison, ou par toute autre voie, doit faire faire une enquête spéciale par au moins deux médecins. Si l'enquête démontre que le condamné est aliéné, les médecins doivent le certifier par écrit et, sur le vu de leur procès-verbal, le secrétaire d'État ordonne la translation.

Il est passé en pratique que les *visitors* des asiles ne peuvent refuser les aliénés condamnés ou accusés qui leur sont envoyés par ordre du secrétaire d'État, et que toutes les mesures nécessaires pour empêcher leur évasion peuvent être prises dans l'asile. Cependant il a paru plus convenable au gouvernement d'avoir des établissements spéciaux pour cette classe d'aliénés. En 1816, il fut construit un bâtiment pour soixante criminels aliénés, qui furent placés sous la direction du gouverneur de l'hôpital royal d'aliénés de Béthléem (*Bedlam*), dont le nouveau bâtiment devint une annexe. Depuis cette époque, le nombre des aliénés criminels de Béthléem a été porté à 120. En 1849, par suite d'un traité passé avec le propriétaire de l'établissement privé de *Fisherton house*, il fut construit dans cet établissement un quartier séparé pour les condamnés aliénés. Enfin, en 1860, on a élevé à Broadmoor, près Workingham, pour ces aliénés, un asile central (23-24 Vict. c. 75).

Les asiles du gouvernement (*state asylums*) sont soumis à la surveillance d'un conseil de trois personnes au moins, nommées par le secrétaire d'État de l'intérieur. C'est par aussi lui que sont nommés les employés de tout grade et que sont faits les règlements intérieurs concernant l'administration de l'asile et le traitement des malades. Ces règlements sont soumis au parlement. C'est sous la haute direction du conseil de surveillance que la maison est administrée, et de temps en temps ce conseil (ou deux de ses membres), doit faire un rapport écrit au secrétaire d'État sur toutes les matières se rattachant à la direction de l'asile et la condition des aliénés, (*ibid.* ss. 4, 5).

Les asiles sont visités par les *commissioners in lunacy*, au moins une fois par an,et toutes les fois qu'ils en sont requis par le secrétaire d'État. Pour faire ces visites ils doivent être au moins deux ; l'un médecin, l'autre *barrister*. Au mois de mars de chaque année, ils font aux secrétaires d'État un rapport sur toutes les visites faites dans l'année précédente, et un rapport spécial pour chaque visite faite sur l'ordre du secrétaire d'État de l'intérieur. Ces rapports doivent être soumis au parlement (*ibid.* ss. 14, 15). Les *commissioners in lunacy* doivent aussi visiter toutes les prisons où il y a des aliénés. De plus des visites spéciales et des enquêtes peuvent être ordonnées par le secrétaire d'État de l'intérieur ou le lord chancelier, relativement à toute prison renfermant des aliénés et relativement à toute personne retenue en quelque lieu que ce soit, comme aliénée d'État (*state lunatic*) ou sur l'ordre d'une cour de justice criminelle. Ces visites et ces enquêtes sont faites non-seulement par les *commissioners*, mais par toutes autres personnes qu'il plaît au secrétaire d'État ou au lord chancelier de désigner (8, 9 Vict. c. 100, ss. 112, 113 ; 16, 17 Vict. c. 96, ss. 33, 34).

Le pouvoir d'ordonner la mise en liberté ou la translation des détenus renfermés comme aliénés, n'appartient qu'au secrétaire d'État de l'intérieur. En cas de guérison attestée par deux médecins ou par le médecin surintendant de l'asile et deux des membres du conseil de surveillance, il ordonne que le détenu sera réintégré dans la prison, où il doit légalement être détenu, pour y subir sa peine, s'il y a lieu. Si la peine expire avant que l'aliéné ne soit guéri, il peut être mis en liberté sur l'attestation de deux médecins qu'il est inoffensif et qu'il peut n'être pas renfermé sans danger ni pour lui, ni pour les autres. Si cette attestation ne peut pas être donnée, l'aliéné est envoyé à l'asile du comté pour y être traité comme les aliénés ordinaires (8, 9 Vict. c. 100, s. 81 ; 16, 17 Vict. c. 96, s. 38 ; 5, 6 Vict. c. 22, s. 14 ; 5, 6 Vict. c. 29, s. 23 ; 6, 7 Vict. c. 26, s. 21 ; 23, 24 Vict. c. 75, ss. 7, 8 ; 27, 28 Vict. c. 29, s. 1).

Les dépenses des détenus aliénés sont prises comme celles des *pauper lunatics* (1) sur les fonds des paroisses des aliénés ou sur le fond commun des unions de paroisses, mais seulement lorsqu'ils ne possèdent pas des biens suffisants pour subvenir eux-mêmes aux frais de leur traitement. S'ils ont des biens suffisants, les juges de paix du comté où l'aliéné est détenu (*is imprisoned*) prennent les mesures nécessaires pour lui faire payer toutes les sommes dépensées (2). (3, 4 Vict. c. 54, ss. 2, 3 ; 27, 28 Vict. c. 29, s. 5).

En ce qui concerne l'administration des détenus frappés d'aliénation mentale, il nous suffira de dire que toutes les mesures qui peuvent être prises relativement à l'administration des biens des aliénés ordinaires leur sont applicables.

(1) La seule différence est que, lorsqu'il y a union de paroisses, la dépense de l'aliéné criminel est toujours mise à la charge du fonds commun sans recours contre la paroisse du domicile.

(2) Voir quant à ces mesures chap. II, § 2, page 40.

II

Les aliénés en France.

En France comme en Angleterre, jusqu'aux temps modernes on ne s'était occupé des aliénés que pour les mettre hors d'état de nuire à la société ou pour assurer la conservation de leurs biens. Les lois de police obligeaient les familles à veiller sur eux et à les empêcher de troubler la tranquillité publique. Lorsque leurs parents n'avaient pas les ressources suffisantes pour les garder ou les faire garder, ils étaient renfermés par mesure de police dans les hôpitaux ou dans des lieux appropriés pour les recevoir (1).

La situation des aliénés renfermés était déplorable; les conditions nécessaires à leur traitement étaient ou inconnues ou négligées; on les regardait comme incurables. « L'hospice était pour les aliénés une prison, lorsqu'ils n'étaient pas confondus dans les prisons « ordinaires avec les criminels, » disait le ministre de l'intérieur, dans l'exposé du premier projet de la loi de 1838. Les fous dangereux étaient enchaînés comme des bêtes fauves. En 1792, le docteur Pinel, chargé de la direction de Bicêtre, démontra le premier que la douceur, les bons soins et un régime moral pouvaient quelquefois guérir et amélioraient toujours l'état mental des aliénés. Il inaugura un système de traitement plus humain; les abus les plus graves furent réprimés. On peut apprécier ce qu'ils avaient été par ceux qui existaient encore en 1819, vingt-sept ans plus tard. A cette époque il n'y avait en France que huit établissements spéciaux con-

(1) A part quelques monastères qui recevaient les aliénés incurables, les plus anciens établissements destinés aux aliénés furent créés à Marseille et à Avignon au XVIe siècle. Vers le milieu du siècle suivant, lorsque les hôpitaux généraux furent constitués par Louis XIV pour la répression de la mendicité, on y réserva des quartiers séparés pour les aliénés. En 1660, un arrêt du parlement ordonna que tous les fous seraient reçus à l'Hôtel-Dieu et y seraient traités dans des salles séparées. Les incurables étaient envoyés aux petites maisons, à Charenton ou à Bicêtre, et les femmes à la Salpêtrière. En 1802, par ordre du gouvernement, les aliénés cessèrent d'être reçus à l'Hôtel-Dieu. C'est à cette époque que des lits furent établis pour eux à Charenton et à la Salpêtrière. Dans les provinces où il n'existait aucun établissement spécial pour les aliénés, on les plaçait dans les prisons, quand ils ne pouvaient être admis dans les hospices. Lorsque les détenus sur lettre de cachet furent mis en liberté au moment de la révolution, on fut obligé de prendre une mesure législative spéciale concernant ceux de ces aliénés qui étaient détenus pour cause de démence (art. 9, loi du 26 mars 1790).

sacrés aux aliénés; vingt-quatre hospices ou hôpitaux les recevaient dans des quartiers séparés; un certain nombre étaient renfermés dans les maisons de correction, les dépôts de mendicité et les prisons (1). D'une circulaire du ministre de l'intérieur du 16 juillet 1819, il résulte que, dans une partie de ces lieux de refuge, les aliénés étaient placés dans des loges humides ou souterraines, sans fenêtres et sans air; on laissait les fous furieux coucher sur la terre ou sur le pavé; la paille des autres n'était pas toujours renouvelée quand elle était salie; leurs infirmiers ou plutôt leurs geôliers étaient armés de bâtons, de nerfs de bœuf, de trousseaux de clefs, et se faisaient accompagner par des chiens quand ils les surveillaient. Il fallut les prescriptions répétées de l'autorité supérieure pour que les aliénés fussent tous régulièrement visités par des médecins, et que la camisole de force fût partout substituée aux chaînes et aux colliers de fer.

Après quelques efforts isolés et insuffisants pour améliorer sérieusement la situation des aliénés, en 1835 on préluda à l'étude d'une loi devenue indispensable, en faisant faire une inspection ou plutôt une enquête générale, qui permît de constater les abus et les besoins. A la suite de cette enquête, le 6 janvier 1837, il fut présenté aux Chambres législatives un premier projet de loi dont l'objet principal était de garantir la liberté individuelle, de prévenir les détentions arbitraires, et de soumettre à une réglementation et à une surveillance les établissements d'aliénés. Ce projet fut vivement critiqué par la Chambre des députés, qui, au lieu de se préoccuper des dangers d'une détention arbitraire dans les maisons d'aliénés, voulait qu'on les organisât de manière à assurer des secours et des moyens de guérison à tous les aliénés. La loi fut refondue et amendée avant d'être présentée à la Chambre des pairs, qui proposa de nouvelles modifications. Le gouvernement se décida alors à la retirer et à la remanier. Le nouveau projet, avant d'être porté aux Chambres, fut soumis à l'examen des conseils généraux des départements, et il ne fut converti en loi que le 30 juin 1838, après de longues et vives discussions.

La loi du 30 juin 1838 a été complétée par une ordonnance royale du 18 décembre 1839, qui en a réglementé l'application; par les décrets du 23 novembre 1848 et du 15 janvier 1852, qui

(1) Rapport au roi par M. Lainé, ministre de l'intérieur. Les huit établissements spéciaux étaient : Charenton, Lille, Marseille, Avignon, Mareville, Saint-Meen et Armentières; l'asile municipal de Bordeaux, ceux de Cadillac et de Rouen, l'hospice de Poitiers et quelques autres ne furent fondés que plus tard.

ont organisé les inspections générales des établissements d'aliénés; par un règlement de service intérieur pour les asiles, du 20 mars 1856, et par de nombreuses instructions ministérielles. En y joignant les dispositions des codes concernant l'interdiction des aliénés et la responsabilité des familles qui ont l'obligation de les surveiller (1), on a l'ensemble de la législation sur les aliénés en France.

Avant de comparer cette législation à la législation anglaise, nous allons en résumer brièvement les principales dispositions, en adoptant, autant que cela est possible, pour faciliter la comparaison, les mêmes divisions que dans l'exposé des lois anglaises.

§ 1. — Interdiction.

L'interdiction, en France, correspond à la déclaration d'aliénation mentale *by inquisition* en Angleterre.

L'aliéné majeur qui est dans un état habituel d'imbécillité, de démence ou de fureur, doit être interdit même lorsque cet état présente des intervalles lucides (cod. civ. art. 489). L'interdiction peut être provoquée par l'époux ou l'épouse; ou par un des parents de l'aliéné; ou, s'il n'existe ni parents ni époux, par le ministère public. Dans les cas de fureur, le ministère peut toujours agir d'office, même s'il existe des parents. La demande en interdiction est portée devant le tribunal de première instance; s'il y a appel, la Cour statue en audience solennelle. Les faits d'imbécillité, de démence ou de fureur doivent être articulés par écrit. Ils peuvent être prouvés par pièces ou par témoins. Avant tout acte d'instruction, le tribunal doit demander l'avis du conseil de famille sur l'état de la personne dont l'interdiction est demandée. Après avoir reçu cet avis, il interroge en chambre du conseil l'aliéné supposé; ou, s'il ne peut venir, il le fait interroger à son domicile par un juge commis à cet effet, et, s'il y a lieu, il fait procéder à une enquête. Si l'interdiction est prononcée, son effet est d'assimiler l'aliéné à un mineur pour sa personne et ses biens, et il lui est nommé par son conseil de famille un tuteur et un subrogé tuteur. Le mari est de droit tuteur de sa femme interdite. La femme peut être nommée tutrice de son mari, mais le conseil de famille règle alors les formes et les conditions de l'administration des biens, sauf recours au tribunal. Si l'état de l'aliéné ne paraît pas assez grave pour néces-

(1) Art. 489 à 512 du Code civil et 890 à 897 du Code de procédure; art. 475 n° 7, et 479 n° 2 du Code pénal.

siter l'interdiction, le tribunal peut lui laisser la libre disposition de sa personne et se borner à lui nommer un conseil sans l'assistance duquel il ne peut plaider, transiger, emprunter, recevoir un capital mobilier ni en donner décharge, aliéner ses biens ni les grever d'hypothèques (*ibid.*, art. 490 et suiv.).

La loi porte (*ibid.*, art. 510) que les revenus de l'interdit doivent être essentiellement employés à adoucir son sort, et que selon le caractère de sa maladie et l'état de sa fortune, le conseil de famille pourra arrêter qu'il sera traité dans son domicile ou qu'il sera placé dans un hospice. Il peut aussi, lors de l'entrée en exercice de la tutelle, régler, par aperçu et selon l'importance des biens régis, la somme à laquelle pourra s'élever la dépense annuelle de l'aliéné ainsi que celle de l'administration de ses biens (*ibid.*, art. 454). Mais ces prescriptions n'ont pas de sanction et ne sont pas exécutées. Du jour où le tuteur est nommé, aucune surveillance n'est exercée sur lui. Il gère sans contrôle la personne et les biens de l'aliéné. Il n'est assujetti à aucun compte tant que sa gestion n'est pas terminée. Elle n'est terminée que par la guérison ou le décès de l'aliéné; par la demande de remplacement que peut former le tuteur lui-même après dix ans d'exercice, s'il n'est ni l'époux ni l'ascendant ou le descendant de l'aliéné, ou par sa révocation pour inconduite notoire, incapacité ou infidélité dans sa gestion. Le subrogé tuteur n'a pas le droit de s'immiscer dans l'administration du tuteur et il ne peut agir que dans les circonstances où les intérêts de ce tuteur soient en opposition directe et évidente avec ceux de l'aliéné. Seulement le tuteur peut être tenu de lui remettre des états de situation de sa gestion, aux époques que le conseil de famille aurait jugé à propos de fixer, et au plus une fois par année (*ibid.* art. 420, 443 et suiv., 469, 470, 508).

Le tuteur ne peut accepter ni répudier une succession échue à l'aliéné, provoquer un partage, accepter une donation; introduire en justice une action relative aux droits immobiliers ni acquiescer aux mêmes droits, sans une autorisation du conseil de famille. Il ne peut de même sans cette autorisation emprunter pour l'aliéné, ni aliéner ou hypothéquer ses biens immeubles, et l'autorisation doit être homologuée par le tribunal de première instance. S'il veut transiger, il ne suffit pas qu'il y soit autorisé par le conseil de famille, il faut que la transaction elle-même soit approuvée et homologuée par le tribunal. Mais aucune de ces dispositions ne s'oppose à ce qu'il dispose librement des revenus et des capitaux mobiliers, quelque considérables qu'ils soient (*ibid.* art. 457 et suiv.).

L'interdiction cesse avec l'aliénation mentale; la demande en mainlevée doit être adressée au tribunal civil, elle est instruite et jugée dans la même forme que l'interdiction (*ibid.* art. 52 et art. 896 code de procéd. civ.).

§ 2. — Aliénés non interdits.

La loi en France n'autorise pas une surveillance spéciale, active et permanente sur tous les aliénés, à moins qu'ils ne menacent la tranquillité publique ou qu'ils n'aient pas de famille; aucune autorité publique n'a le droit d'intervenir pour critiquer : soit le traitement auquel ils sont soumis, soit le mode de gestion de leur fortune, soit même l'absence de tous soins et de tout traitement. Ils ne sont protégés, comme les autres citoyens, que par les dispositions générales des lois sur la liberté individuelle, s'ils sont séquestrés sans nécessité; et par les lois pénales ordinaires, s'ils sont l'objet de violences. Il n'est pas inutile de faire remarquer que les violences punissables aux termes de nos lois pénales, sont loin de comprendre tous les faits qui peuvent être poursuivis en Angleterre comme constituant des mauvais traitements et des injures (*ill-treatment and abuse*) défendus à ceux qui donnent des soins aux aliénés; le Code pénal n'atteint que les violences graves.

§ 3. — Établissements pour le traitement des aliénés.

La loi du 30 juin 1838 ne contient aucune prescription concernant les aliénés pris en pension et traités seuls chez un médecin ou chez toute autre personne; elle ne s'occupe que des établissements publics et des établissements privés, destinés à recevoir ou à soigner un certain nombre d'aliénés.

Cette loi a placé sous la surveillance de l'autorité publique et réglementé les établissements privés; elle a organisé un système complet d'établissements publics en obligeant chaque département soit à construire un asile pour les aliénés, soit à traiter pour le placement de ses aliénés avec des établissements publics ou des établissements privés déjà existants, même hors du département (1). Elle défend de recevoir des aliénés dans les maisons destinées au traitement d'autres maladies, à moins qu'il ne leur soit réservé des quartiers entièrement séparés (art. 1, 2, 3 de la loi de 1838).

(1) Elle a devancé en ce dernier point les Anglais chez lesquels, à cette époque, on se bornait encore à provoquer et encourager la création des asiles publics, qui ne furent définitivement organisés que par les statuts de 1845 et de 1853.

Nul ne peut former ou diriger un établissement privé, destiné au traitement des aliénés, sans l'autorisation du gouvernement (*ibid.*, art. 5). Cette autorisation devait d'abord être donnée par ordonnance royale : depuis le décret de décentralisation du 25 mars 1852, elle est délivrée par le préfet du département où l'établissement est situé. C'est à ce préfet que la demande doit être adressée. La première condition exigée du postulant est une moralité incontestée ; il doit être médecin, ou produire l'engagement d'un médecin qui se chargera du service médical. Dans ce cas, il faut que le médecin soit agréé par le préfet qui peut toujours le révoquer, sauf recours au ministre de l'intérieur. L'établissement ne peut être autorisé que s'il satisfait à certaines conditions de salubrité et d'aménagement intérieur, énumérées dans l'ordonnance royale du 8 décembre 1839. Notamment, cet aménagement doit permettre de séparer complétement les sexes, l'enfance et l'âge mur, les convalescents, les malades paisibles et ceux qui sont agités, etc.... Tout doit être prévu dans le règlement intérieur pour qu'il ne puisse être porté atteinte ni aux bonnes mœurs, ni à la sécurité des personnes. Ce règlement doit être produit avant l'autorisation, et il ne peut être modifié plus tard sans que les modifications aient été approuvées. Le directeur de l'établissement doit verser un cautionnement en espèces, dont le montant est fixé par l'ordonnance d'autorisation, et qui est exclusivement destiné à pourvoir aux besoins des aliénés pensionnaires dans tous les cas où, par une cause quelconque, le service de l'établissement se trouverait suspendu. La demande et l'autorisation indiquent le nombre et le sexe des pensionnaires que l'établissement pourra contenir; leur nombre ne peut être augmenté sans une autorisation nouvelle. Le directeur et, s'il n'est pas médecin, le médecin chargé du service médical doivent résider dans l'établissement. L'autorisation n'est pas donnée, comme en Angleterre, pour un temps déterminé. Elle subsiste tant qu'elle n'est pas révoquée ; elle n'est subordonnée à aucun droit fiscal spécial, mais les établissements sont assujettis au payement de l'impôt de la patente comme toutes les maisons de santé. L'autorisation peut être retirée dans certains cas définis par l'ordonnance du 18 décembre 1839, notamment s'il a été employé à l'égard des aliénés des traitements contraires à l'humanité. Le retrait est prononcé après une enquête, dans laquelle le directeur doit être entendu. Le préfet peut ordonner la suspension provisoire; mais il doit être statué sur le retrait définitif par une ordonnance impériale. Outre le retrait de l'autorisation qu'elles peuvent faire encourir, les infractions aux lois et aux règlements spéciaux peuvent être poursuivies devant les tribunaux correctionnels et entraîner des condamnations à la prison, de cinq jours à un an, et à l'amende de 50 à 3,000 fr. (loi de 1838, art. 6 et 41; ordonn. de roi du 18 décembre 1839, art. 17 à 33; circul. du ministre de l'intérieur du 20 avril 1855).

Les établissements publics ne sont pas seulement surveillés par l'autorité publique, ils sont placés sous sa direction immédiate; leurs règlements doivent être soumis à l'approbation du ministre de l'intérieur (1) (loi de 1838, art. 1 et 7); ils sont administrés par un directeur responsable, nommé par le ministre de l'intérieur, sous la surveillance d'une commission gratuite de cinq membres, nommés par le préfet. Les directeurs doivent être pris par le ministre sur une liste de trois candidats présentés par le préfet, ou parmi les directeurs ayant déjà exercé leurs fonctions pendant trois ans dans d'autres établissements d'aliénés. Les membres de la commission de surveillance sont renouvelés chaque année par cinquième; ils ne peuvent être révoqués que par le ministre. Les médecins en chef ou adjoints et les comptables étaient aussi nommés par le ministre. Depuis le décret du 13 avril 1861 sur la décentralisation, ils sont nommés par le préfet (ordonn. de 1869, art. 1, 2, 3). Dans chaque établissement il y a un aumônier nommé par l'évêque du diocèse, sur une liste de trois candidats désignés par le préfet (circ. du 5 décembre 1843, et règlem. du 20 mars 1867, art. 108).

Le directeur et le médecin en chef doivent résider dans l'établissement (2). Le directeur est chargé de l'administration intérieure, de tout ce qui concerne le bon ordre et la police, et de la gestion des revenus. Il nomme les employés et les révoque; les élèves, les surveillants, les infirmiers et les gardiens doivent être agréés par le médecin en chef. Le médecin en chef est chargé de tout ce qui concerne le régime physique et moral ainsi que de la police médicale et personnelle des aliénés. C'est lui qui délivre tous les certificats, à moins d'empêchement constaté. Le ministre de l'intérieur peut toujours autoriser et même ordonner d'office la réunion des fonctions de directeur et de médecin (3) (*ibid*, art. 6 à 10, 13).

(1) Le règlement actuellement en vigueur a été élaboré au ministère de l'intérieur, qui l'a imposé à tout les établissements publics (circul. et règlem. du 20 mars 1857).

(2) Le médecin en chef peut en être dispensé par une décision spéciale du ministre, pourvu qu'il fasse chaque jour une visite générale des aliénés confiés à ses soins, et qu'en cas d'empêchement il puisse être remplacé par un médecin résidant.

(3) Le médecin en chef et le médecin adjoint ne peuvent être intéressés dans la gestion d'un établissement privé, ni y être attachés. L'exercice de la médecine à l'extérieur leur est interdit (arrêté et règlem. du 20 mars 1857, art. 68 et suiv.).

Les commissions sont chargées de la surveillance générale de tout l'établissement et sont appelées à donner leur avis sur le régime intérieur et les actes relatifs à l'administration. Elles se réunissent tous les mois, et, dans la séance de janvier, elles répartissent entre leurs membres les attributions de surveillance à exercer par chacun d'eux, dans l'intervalle des séances, sur les diverses parties du service (*ibid.*, art. 4, 5; règlem. du 20 mars 1857, art. 8).

Les traités que les départements font avec les établissements privés pour placer leurs aliénés, sont soumis par le préfet aux délibérations du conseil général qui, toutefois, n'a qu'un droit d'avis. C'est le préfet qui arrête et conclut le traité définitif. (1) Ces traités n'assimilent pas complétement les établissements privés aux asiles publics ; ils conservent leur autonomie. Cependant, depuis 1857, on les astreint à adopter le règlement des asiles publics ; et depuis 1860, il a été institué près de chacun d'eux une commission de surveillance nommée et renouvelée par les préfets, comme celle des asiles. Cette commission exerce le droit de surveillanee et de contrôle qui appartient à l'autorité publique. L'acceptation du règlement et de cette commission de surveillance est imposée aux établissements, comme une condition de la conclusion ou du renouvellement des traités (2) (circul. des 20 mars 1857 et 15 janvier 1860).

Outre les établissements privés et les asiles, les hospices et les hôpitaux ont conservé le droit de recevoir des aliénés; mais ils doivent leur affecter des quartiers séparés, dirigés par un préposé responsable, agréé par le préfet. Ce préposé, comme les directeurs des asiles et des établissements privés, est obligé de se conformer à toutes les prescriptions de la loi de 1838. Le règlement intérieur des quartiers destinés aux aliénés doit être approuvé par le ministre de l'intérieur. Il est ordinairement le même que pour les asiles. La création de ces quartiers n'est autorisée que si leur organisation permet d'y recevoir et d'y traiter cinquante aliénés au moins (ordonn. du 18 décembre 1839, art. 11 et 12). Les commissions administratives des hospices remplacent alors les commissions de surveillance.

C'est aussi dans les hôpitaux et les hospices que doivent être pla-

(1) Avant le décret du 13 avril 1861 sur la décentralisation, le traité devait être approuvé par le ministre de l'intérieur.

(2) Jusqu'en 1840, les traités n'étaient faits que pour un an. Ils ont été faits depuis pour une plus longue durée, mais cependant assez restreinte, et avec faculté de résiliation (circul. du 16 août 1840). Le ministre fait d'ailleurs remarquer dans la circulaire de 1857, que l'autorisation peut être révoquée si les établissements ne se conforment pas aux prescriptions qui leur sont faites.

cés provisoirement les aliénés, en attendant qu'ils puissent entrer dans un asile, ou lorsqu'ils y sont transférés; pour ce service, ils ne sont obligés à aucune organisation spéciale (1) (art. 24 loi de 1838; circul. des 18 septembre 1838, 25 juin 1840, 6 juin 1854).

§ 4. — Placement volontaire des aliénés.

Les établissements publics sont autorisés à recevoir des aliénés payant pension. Il n'y a aucune distinction à établir pour les placements volontaires entre ces établissements et les établissements privés.

La loi de 1838, ainsi qu'on le verra plus tard, énumère avec soin les personnes qui peuvent faire sortir l'aliéné et lui faire rendre la liberté, mais elle permet implicitement à toute personne qui est en relation avec lui de le faire détenir dans une maison d'aliénés.

Les chefs ou préposés responsables des établissements publics et les directeurs des établissements privés ne peuvent recevoir une personne atteinte d'aliénation mentale, s'il ne leur est remis :

1° Une demande d'admission; 2° un certificat de médecin; 3° un passe-port ou toute autre pièce propre à constater l'identité de la personne à placer.

La demande doit être écrite et signée par la personne qui la forme et indiquer le degré de parenté ou la nature des relations entre elle et l'aliéné. Si elle ne sait écrire, la demande est reçue par le maire ou le commissaire de police. Le tuteur d'un interdit doit de plus fournir à l'appui un extrait du jugement d'interdiction. Le certificat doit constater l'état mental de l'aliéné, indiquer les particularités de sa maladie et la nécessité de le faire traiter dans un établissement d'aliénés et de l'y tenir renfermé; ce certificat ne doit pas avoir plus de quinze jours de date au moment de l'entrée. Le médecin qui l'a signé ne doit être ni attaché à l'établissement, ni parent ou allié, jusqu'au deuxième degré inclusivement, des chefs ou des propriétaires de cet établissement ou de la personne qui fait le placement. En cas d'urgence, l'aliéné peut

(1) Avant la loi de 1838, les aliénés transférés étaient, le plus souvent, provisoirement placés dans les prisons. Il a fallu l'insistance prolongée de l'autorité supérieure pour obtenir l'exécution de la loi qui le défend. Même depuis cette loi, dans les hôpitaux, on les plaçait généralement dans des cabanons, étroits, malpropres et malsains. Le ministre le constate dans sa circulaire du 6 juin 1854, en ordonnant aux préfets de vérifier l'état des lieux où les aliénés sont séquestrés provisoirement et de prescrire les mesures nécessaires pour approprier ces lieux ou les remplacer et assurer aux aliénés les secours et la surveillance qui leur sont nécessaires.

être reçu sans certificat de médecin, mais seulement dans les établissements publics. Les chefs d'établissement doivent, sous leur responsabilité, constater l'identité de la personne qui fait le placement et celle de l'aliéné (loi de 1838, art. 8).

Il est fait mention de toutes les pièces produites dans un bulletin d'entrée, qui est transmis dans les vingt quatre heures, avec un certificat du médecin de l'établissement et la copie du certificat médical joint à la demande, au préfet de police à Paris, au préfet ou au sous-préfet dans les chefs-lieux de département ou d'arrondissement, et aux maires dans les autres communes. Le sous-préfet ou le maire en font immédiatement l'envoi au préfet. Si le placement est fait dans un établissement privé, le préfet, dans les trois jours de la réception du bulletin, fait visiter l'aliéné par un ou plusieurs hommes de l'art, auxquels il peut adjoindre telle personne qu'il lui convient de désigner, et il lui est fait immédiatement un rapport sur l'état mental du malade. De même dans les trois jours qui suivent la réception du bulletin d'une personne placée dans un établissement public ou privé, le préfet notifie les noms, professions et domicile tant de cette personne que de la personne qui a demandé son placement, ainsi que les causes du placement, au procureur impérial de l'arrondissement de la personne placée et au procureur impérial de l'arrondissement où est situé l'établissement. Quinze jours après le placement, les chefs d'établissement doivent adresser au préfet un nouveau certificat du médecin de l'établissement rectifiant, s'il y a lieu, les observations contenues dans le premier certificat, et indiquant le retour plus ou moins fréquent des accès et des actes de démence (*ibid.*, art. 8 à 11). Toute contravention à ces dispositions par les chefs des établissements, les expose à des condamnations à l'amende et à la prison (*ibid.*, art. 41).

Au moment de son entrée, l'aliéné est inscrit sur un registre spécial, coté et parafé par le maire; on y indique la date du placement, la personne qui l'a demandé, et, s'il y a lieu, le jugement qui a prononcé l'interdiction et le nom du tuteur. Le certificat du médecin joint à la demande d'admission, et ceux que le médecin de l'établissement doit transmettre au préfet, sont transcrits sur ce registre. Le médecin est tenu de consigner sur le même registre, au moins tous les mois, les changements survenus dans l'état mental de chaque malade. On y constate également les sorties et les décès (*ibid.*, art. 12).

Si la guérison est obtenue, le médecin de l'établissement doit le constater par une déclaration inscrite sur le même registre, et l'aliéné guéri doit être mis immédiatement en liberté. S'il s'agit d'un mineur ou d'un interdit, il ne peut être remis qu'à ses parents ou à son tuteur qui doivent être prévenus de la déclaration du médecin, ainsi que le procureur impérial (*ibid.*, art. 13).

Avant même la guérison, la sortie peut être requise par : 1° le curateur aux biens, dont il sera parlé plus loin ; 2° l'époux ou l'épouse ; 3° s'il n'y a pas d'époux ou d'épouse, les ascendants ; 4° s'il n'y a pas d'ascendants, les descendants ; 5° la personne qui a signé la demande d'admission, à moins qu'un parent n'ait déclaré s'opposer à ce qu'elle use de cette faculté sans l'assentiment du conseil de famille ; 6° toute personne à ce autorisée par le conseil de famille. S'il y a dissentiment soit entre les ascendants, soit entre les descendants, le conseil de famille prononce ; en cas de minorité ou d'interdiction, le tuteur peut seul requérir la sortie. Si le médecin de l'établissement est d'avis que l'état mental du malade pourrait compromettre l'ordre public ou la sûreté des personnes, le maire de la commune en est prévenu, et il peut ordonner un sursis de quinze jours, à la charge d'en référer dans les vingt-quatre heures au préfet. Dans ce cas le préfet peut décerner un ordre spécial, motivé, à l'effet d'empêcher que l'aliéné sorte sans son autorisation, si ce n'est pour être placé dans un autre établissement. Avis de cet ordre est donné au procureur impérial dans les trois jours ; il est notifié dans le même délai au maire du domicile de l'aliéné qui prévient sa famille, et il en est rendu compte au ministre de l'intérieur (*ibid.*, art. 14, 21, 22).

Le préfet peut toujours, même en cas de non-guérison, ordonner la sortie immédiate des personnes placées volontairement dans les établissements d'aliénés. Cette sortie peut aussi être ordonnée à quelque époque que ce soit et même malgré l'opposition du préfet, par le tribunal du lieu où est situé l'établissement, sur la demande formée par le tuteur ou le curateur, par tout parent ou ami, par la personne qui a demandé le placement ou par le procureur impérial ; toutefois, en cas d'interdiction, la demande ne peut être formée que par le tuteur de l'interdit. La décision est rendue sur simple requête en chambre du conseil et sans délai, mais après les vérifications nécessaires ; elle n'est pas motivée (*ibid.*, art. 16, 29).

Les chefs, directeurs ou préposés responsables qui retiendraient une personne guérie ou dont la liberté a été ordonnée, peuvent être punis comme coupables de détention arbitraire de six mois à deux ans d'emprisonnement et d'une amende de 16 à 200 francs (*ibid.*, art. 30, et art. 120 Code pénal).

§ 5. — Placement d'office des aliénés. — Sortie.

A Paris, le préfet de police, et dans les départements les préfets doivent ordonner d'office le placement dans un établissement d'aliénés de toute personne interdite, ou non interdite dont l'état d'aliénation compromettrait l'ordre public et la sûreté des personnes (1). Ces ordres sont motivés, ils énoncent les circonstances qui les ont rendus nécessaires et ils sont transcrits dans les établissements sur un registre spécial. En cas de danger imminent, attesté par un certificat de médecin ou par la notoriété publique, les commissaires de police à Paris et les maires dans les autres communes peuvent ordonner toutes les mesures provisoires nécessaires à la charge d'en référer dans les vingt-quatre heures au préfet, qui statue sans délai. Il est donné avis de l'ordre de placement au procureur impérial, au maire du domicile et aux familles, dans les mêmes délais que pour les ordres s'opposant à la sortie des aliénés volontairement placés. Il en est aussi rendu compte au ministre de l'intérieur. Aux comptes rendus individuels exigés en 1838, on avait substitué, en 1843, des rapports collectifs faits le 10, le 20 et le 30 de chaque mois; depuis 1847, il n'est plus envoyé au ministre que des états semestriels de placement (loi de 1838, art. 18, 19, 22; circul. du 28 décembre 1839, 25 juin 1840, 28 décembre 1842, 28 mars 1847).

Les aliénés dont le placement est ainsi ordonné, et dont les familles ne demandent pas l'admission dans un établissement privé, sont conduits dans l'établissement public des aliénés du département (*ibid.*, art. 25).

Les chefs, directeurs ou préposés responsables des établissements publics ou privés qui renferment des aliénés placés d'office, sont tenus d'adresser aux préfets dans le premier mois de chaque semestre, un rapport rédigé par le médecin de l'établissement sur l'état de chaque personne qui y est retenue, sur la nature de la maladie et les résultats du traitement. Le préfet doit prendre une décision sur chacune individuellement, et ordonner sa maintenue dans l'établissement ou sa sortie. Les arrêtés individuels doivent être notifiés aux directeurs des établissements, aux procureurs impériaux et au maire du domicile des personnes qui en sont l'objet. De 1838 à 1843, il était

(1) A Paris, l'ordre n'est ordinairement donné qu'après une enquête du commissaire de police, et un examen par les médecins de la préfecture de police. Les aliénés sont amenés à cet effet dans un quartier spécial du dépôt de la préfecture.

rendu compte au ministre de l'intérieur, par lettres spéciales pour chaque aliéné, des ordonnances de maintenue avec résumé sommaire du rapport médical; depuis 1843, ces lettres sont remplacées par des tableaux collectifs (loi de 1838, art. 20; circul. des 28 décembre 1839, 25 juin 1840 et 28 décembre 1842).

La sortie des aliénés placés d'office ne peut jamais être ordonnée que par le préfet, ou, sur son refus et s'il y a lieu, par le tribunal, saisi par une des personnes qui peuvent requérir la sortie (loi de 1838, art. 18, 20 et 29). En cas de guérison, ou si les médecins déclarent sur le registre des entrées que la sortie peut être ordonnée, il doit en être référé immédiatement au préfet qui statue sans délai (*ibid.*, art. 13 et 23). Il peut cependant, avant d'ordonner la sortie, faire visiter le patient et constater son état.

Les dépenses des aliénés placés d'office sont payées par l'aliéné ou par les personnes qui leur doivent des aliments, ou s'ils sont indigents par le département et les communes (1).

§ 6. — Placement des aliénés indigents. — Payement des dépenses du service des aliénés.

La loi de 1838 ne contient aucune disposition spéciale relative aux aliénés indigents. Elle se borne à poser le principe que chaque département doit avoir un établissement pour y placer les aliénés; et déclare que les dépenses doivent être payées : 1° par les personnes placées; 2° par celles auxquelles les aliénés pourraient demander des aliments, aux termes des art. 205 et suiv. du Code civil (2); et qu'à défaut ou en cas d'insuffisance de ces ressources, il y sera pourvu en totalité ou en partie par le département auquel l'aliéné appartient, sur le produit des impôts affectés aux dépenses ordinaires, et par la commune de son domicile (3), dans les proportions proposées par le conseil général sur l'avis du préfet et approuvées par le gouvernement (4), (loi de 1838, art. 1, 27, 28).

(1) Voir le paragraphe suivant.

(2) Dans ces deux cas, pour toutes les personnes placées d'office ou par les départements, à défaut de payement amiable, le recouvrement des sommes dues est poursuivi et opéré à la diligence de l'administration de l'enregistrement et des domaines.

(3) Il s'agit ici du *domicile de secours* qui s'acquiert par un an de résidence.

(4) Ces proportions sont fixées suivant le chiffre des revenus des communes. Elles ne peuvent jamais dépasser la moitié, même pour les plus riches, et les communes pauvres doivent être exemptées de toute contribution (circul. du 5 août 1840). Le prix du tarif pour les asiles est fixé par le préfet par journée, il peut varier suivant que l'aliéné est placé ou d'office, ou par le département, ou par des particuliers (loi de 1838, art. 26, et circul. des 5 août 1839; 14 août 1840; 16 août 1845).

C'est par les circulaires ministérielles qu'a été en réalité, régularisé et organisé le traitement des aliénés indigents. On avait d'abord généralement interprété la loi en ce sens que les asiles étaient réservés aux aliénés dangereux placés d'office. Dans une circulaire du 5 août 1839, le ministre constate que la loi de 1838 n'est pas seulement une loi de police; qu'elle est aussi une loi de bienfaisance; que des hôpitaux étant ouverts aux indigents pour les diverses maladies, ils ne peuvent être privés de ce bienfait pour la plus cruelle de toutes, l'aliénation mentale; que chez une grande partie des aliénés la maladie soignée dans les premiers temps, cède aux efforts de l'art: que plus tard l'aliéné qui eût pu être guéri, peut devenir à jamais fou et furieux, et tomber pour toute sa vie à la charge de la charité publique. Il en conclut que, dans les établissements fondés aux frais des départements, il doit être réservé des places: 1° aux aliénés dangereux; 2° aux aliénés indigents non dangereux, qui présentent des probabilités de guérison; 3° aux aliénés dont la position malheureuse appelle les secours publics (1).

Les formes, les circonstances et les conditions auxquelles les indigents peuvent être admis dans les asiles sont réglés par les conseils généraux, sur la proposition des préfets et sous l'approbation du ministre de l'intérieur (loi de 1838, art. 25, § 2). Aux termes d'un arrêté-type transmis aux préfets par une circulaire du 14 août 1840, les préfets, après délibération du conseil général, doivent déterminer à l'avance, par un règlement, le nombre de places à réserver aux aliénés indigents non dangereux appartenant au département (2). Les demandes d'admission peuvent être formées par toute personne intéressée, parent, tuteur, curateur ou ami et par le maire de la commune de l'aliéné; ces demandes doivent être faites dans la même forme et contenir les mêmes énonciations que les demandes à fin de placement volontaire (3). Il y est joint un certificat de médecin qui, outre les énonciations exigées par la loi (4), doit indiquer les chances de guérison. Le maire de la commune transmet au préfet la demande et le certificat du médecin avec son avis, et un certificat

(1) Régulièrement il ne devrait être admis, dans les asiles, des aliénés payant pension, que quand il reste des places après avoir pourvu aux nécessités de ce triple service.

(2) La circulaire de 1840 prescrivait de déterminer ce nombre chaque année. Une circulaire du 16 août 1845 a autorisé des règlements permanents, qui ne sont modifiés que lorsque cela devient nécessaire.

(3) Article 8 de la loi de 1838, voir page 53.

(4) Une instruction du ministre des finances du 28 juin 1842, indique le mode dans lequel doivent être opérés les poursuites et les recouvrements.

constatant la situation de fortune de l'aliéné et celle des parents qui légalement lui doivent des aliments. Le préfet autorise ou refuse l'admission. L'arrêté porte que la préférence doit être donnée aux aliénés dont la maladie est le moins invétérée ou qui, d'après l'avis des médecins, présentent le plus de chances de guérison. Le préfet se fait rendre compte tous les trois mois de l'état de ces aliénés, et ordonne, s'il le juge à propos, leur sortie sans être obligé d'attendre qu'il y ait guérison; ordinairement cet ordre de sortie n'est donné que quand l'aliéné peut rentrer sans inconvénient dans sa famille et y être soigné ou surveillé, ou, dès qu'il est reconnu incurable, s'il paraît que sa place peut être donnée plus utilement à un autre aliéné indigent dont la guérison est encore possible (circul. et arrêté du 14 août 1840).

Lorsque par erreur un aliéné a été placé comme indigent et qu'il vient à être découvert qu'il possède des biens, ou que les parents qui lui doivent des aliments peuvent payer; on poursuit contre eux le recouvrement de ce qui a été déboursé (3), et des dépenses à effectuer pour l'avenir. Il est cependant recommandé, dans tous les cas où l'on exige un payement des familles, de prendre en considération leurs ressources et leurs besoins, et elles ne doivent être obligées de contribuer aux dépenses des aliénés que dans des proportions qui ne puissent pas les réduire à la misère (circul. des 5 août 1839 et 14 août 1840).

Les conditions de la sortie des aliénés indigents sont les mêmes que celles des aliénés placés volontairement et traités à leurs frais. L'arrêté d'autorisation pris par le préfet ne lui confère aucun droit pour les retenir, à moins qu'ils ne soient dangereux. S'il veut s'opposer à leur sortie, il doit décerner un ordre spécial (loi de 1838, art. 13 et suiv., et art. 21 et circul. du 14 août 1840).

Depuis quelques années, il s'est introduit dans quelques départements un usage abusif. Plusieurs préfets, pour éviter toute difficulté sur la question de savoir si un aliéné était ou n'était pas dangereux, ont trouvé plus simple et plus commode de procéder pour les aliénés non dangereux placés aux frais des départements comme pour les aliénés dangereux, par des ordres de placement d'office. Ce mode de procéder est contraire à la loi et aux instructions ministérielles (loi de 1838, art. 18 à 20, 25, § 2; circul. des 10 avril et 19 juillet 1839, 14 août 1840, 17 novembre 1854); il en résulte que les familles et les personnes désignées dans l'art. 13 de la loi de 1838 sont privées du droit de faire sortir l'aliéné, si elles le jugent convenable; et que, même en cas de guérison, les personnes placées ne peuvent être libérées sans en référer au préfet et sans son autorisation spéciale (1), ce qui prolonge la rétention et occasionne des frais de séjour inutiles.

§ 7. — Surveillance et police des établissements publics et privés. Visites, correspondances et sorties d'essai.

La police générale intérieure des établissements publics d'aliénés appartient au directeur; c'est lui qui pourvoit à l'admission et à la sortie des aliénés sous les conditions prescrites par la loi; il veille à la tenue des différents registres sur lesquels sont inscrits l'entrée des aliénés et les résultats de leur traitement, et transcrits les ordres du préfet (loi de 1838, art. 12 et 18); mais c'est plus particulièrement le médecin-chef qui est chargé de la police des aliénés (2). Le médecin règle sans contrôle le mode de placement, de surveillance et de traitement de chaque patient. Il désigne seul les aliénés pour les travaux et les exercices auxquels ils peuvent être occupés. Il est spécialement chargé de veiller à ce que les employés et les gens de service aient pour les aliénés les égards convenables (3). Il doit visiter chaque jour les aliénés de toute classe et de toute catégorie. Au moment de la visite, il est tenu des notes indiquant pour chaque malade nominativement, les observations faites et les prescriptions alimentaires, pharmaceutiques et médicales. Ces notes servent à la rédaction d'observations courantes individuelles, qui sont soigneusement conservées. Leur rédaction commence au moment de l'entrée de l'aliéné. Elles doivent contenir l'abrégé historique de la maladie, l'indication de ses causes, ses variations, le mode de traitement, et se continuer sans interruption jusqu'à la guérison ou au décès (règlement du 20 mars 1857, art. 11 à 13 et 59 à 64). C'est sur les observations courantes que sont relevés les résultats du traitement portés chaque mois pour chaque aliéné, sur le registre d'entrée, et le rapport sur l'état de chaque aliéné, sur la nature de sa maladie et l'état du traitement qui doit être transmis au préfet au commencement de chaque semestre (loi de 1838, art. 12 et 20) (4). Outre le rapport trimestriel

(1) Voir page 57.

(2) Le plus souvent c'est le directeur qui est en même temps médecin en chef.

(3) L'article 105 du règlement réserve expressément au médecin-chef l'emploi des moyens de contrainte: l'application de la camisole, le fauteuil de force, la reclusion en cellule, etc. Il est expressément interdit aux infirmiers d'infliger aux aliénés quelque punition que ce soit. Tout infirmier convaincu d'avoir maltraité un aliéné est immédiatement révoqué, sans préjudice des poursuites judiciaires, s'il y a lieu, art. 106-107). Dans sa circulaire, le ministre fait observer que l'emploi des moyens de contrainte doit être restreint aux cas exceptionnels.

(4) L'obligation d'un rapport semestriel imposée par l'article 20, parait dans la loi ne se rapporter qu'aux aliénés retenus d'office; mais elle a été étendue à tous les aliénés par les instructions ministérielles.

le médecin-chef, dans les trois premiers mois de chaque année, rédige un compte général et détaillé et un relevé statistique du service médical pendant l'année précédente. Ce compte rendu et un compte moral et administratif, rédigé par le directeur, sont soumis au conseil de surveillance et transmis avec son avis au préfet (règlement, art. 14 et 65). Indépendamment et en dehors des rapports, le directeur doit donner immédiatement avis au préfet des décès et des sorties, et lui signaler les évasions, les accidents, les meurtres, les suicides ou leurs tentatives, et tous les faits de quelque gravité concernant les malades ou les employés (*ibid.*, art. 24 et div. circul.).

Ces règles imposées par le règlement ministériel du 20 mars 1858, aux établissements publics, ainsi qu'aux établissements privés qui ont des traités avec les départements, sont aussi observées par les établissements privés dans leurs dispositions les plus importantes. Quoique la loi ne dise pas, comme elle le dit pour les établissements publics, que leurs règlements doivent être approuvés par le ministre de l'intérieur, en fait, comme condition des autorisations nouvelles ou du maintien des autorisations anciennes, on exige que ces règlements soient soumis à l'approbation du préfet (1) qui, en se conformant aux instructions ministérielles, y fait insérer les principaux articles du règlement-type.

Dans les établissements privés de Paris, il est tenu un registre des aliénés, visé à chaque mutation par le commissaire de police du quartier. On y inscrit les dates de l'entrée, de la sortie ou du décès de chaque aliéné. On y annexe les certificats de quinzaine et les certificats semestriels, que le commissaire est chargé de transmettre à la préfecture de police. C'est par la préfecture que connaissance en est donnée au parquet. C'est aussi par l'intermédiaire des commissaires de police qu'avis est donné des accidents, des évasions, des meurtres, etc.

Le livre tenu dans ces établissements en exécution de l'art. 12 de la loi de 1838 est divisé en quatre colonnes; dans la première sont inscrits : 1° les nom et prénoms de l'aliéné, l'âge, le lieu de naissance, l'état civil, la profession, la demeure habituelle; 2° la mention de la visite faite par ordre du préfet dans les trois jours de l'entrée de l'aliéné (art. 9 de la loi) et les noms du médecin et des autres personnes qui l'ont faite; 3° le résumé historique de la vie de l'aliéné en ce qui

(1) Avant les lois sur la décentralisation, ces règlements étaient soumis à l'approbation du ministre de l'intérieur, et expédiés par le directeur général de l'administration dans la même forme que les règlements pour les asiles publics.

concerne sa maladie et tout ce qui s'y rattache; le mode et le résultat du traitement; les mentions mensuelles constatant les phases d'amélioration ou d'aggravation. Dans la seconde colonne sont transcrits : la demande d'admission, la qualité de la personne qui a fait le placement ou volontaire ou d'office, le certificat du médecin joint à la demande, les certificats du médecin-chef adressés au préfet dans les vingt-quatre heures de l'entrée et après la première quinzaine du placement (art. 9 et 11 de la loi); on y inscrit les mentions des évasions et des réintégrations, des décès et de leurs causes, ainsi que les sorties. Le certificat qui avertit le préfet de la sortie, constate la guérison ou l'amélioration, l'état stationnaire ou l'incurabilité, le lieu où doit résider l'aliéné, la personne à laquelle il a été remis. Le certificat de décès énonce la maladie à laquelle l'aliéné a succombé. Le certificat d'évasion doit être suivi d'un autre certificat faisant connaître si l'aliéné a été réintégré, s'il est resté dans sa famille ou s'il a été placé ailleurs. La troisième colonne indique les noms, qualités et demeure de la personne qui a fait le placement, les dates de la correspondance avec le préfet et les pièces réclamées. La quatrième et dernière colonne constate l'envoi des états mensuels et semestriels avec les mentions concernant l'aliéné.

De cette énumération, qui résume l'exécution de toutes les obligations imposées aux établissements privés, il ressort nettement qu'ils sont astreints aux mêmes règles que les établissements publics. Il en ressort aussi que si les registres sont bien tenus, il suffit de quelques instants pour se bien rendre compte de la situation de chaque aliéné, par la seule inspection des pages qui le concernent.

Je n'ai pu constater personnellement les faits qui précèdent que pour le département de la Seine, mais on peut regarder comme certain que dans tous les établissements privés de France, sauf des différences sans importance, les mêmes pratiques sont observées.

Dans les établissements publics, les aliénés ne peuvent être visités même par leurs parents et leurs amis, que sur une permission écrite du médecin en chef, visée par le directeur. Les visites se font au parloir ou dans les jardins, sous la surveillance des infirmiers et exceptionnellement, ou en cas de nécessité, dans les quartiers et dans les chambres des pensionnaires, sur autorisation spéciale. Ces visites doivent cesser immédiatement si elles ont pour effet d'agiter le malade (règlement, art. 167 et suiv.).

Les mêmes règles sont observées dans les établissements privés. En général, lorsque la situation de l'aliéné le permet, on admet aux visites, sans permission écrite spéciale, tout visiteur qui se présente et qui donne un motif suffisant, en exceptant seulement ceux que la personne par laquelle a été fait le placement défend de laisser voir. En cas de réclamation pour refus de visite, les directeurs exigent un ordre du procureur impérial ou de la préfecture de police; si malgré cet ordre, la personne qui a opéré le placement persiste à s'opposer à la visite, il en est référé au tribunal.

Aucune requête, aucunes réclamations adressées par l'aliéné, soit à l'autorité judiciaire, soit à l'autorité administrative, ne peuvent être supprimées par les directeurs d'établissements sous des peines sévères (loi de 1838, art. 29 § 6 et art. 41). La loi ne s'occupe pas des correspondances particulières. En fait, les directeurs affirment que toute lettre écrite par l'aliéné pour recouvrer sa liberté est toujours envoyée à l'autorité administrative ou à l'autorité judiciaire à laquelle elle est adressée. « Outre qu'une suppression serait punis- « sable, m'écrivait l'un d'eux, M. Brière de Boismont, elle serait « toujours déjouée, car les lettres interceptées seraient plus tard « transmises par les parents des autres malades, par des domestiques « gagnés ou renvoyés, par les passants auxquels elles sont souvent « jetées. » La correspondance aux parents, amis et connaissances est quelquefois arrêtée. Les motifs donnés sont le défaut d'affranchissement, et principalement l'absurdité de la plupart des lettres et les conséquences fâcheuses qui peuvent en résulter pour les familles ou les tiers, lorsque ces lettres contiennent, comme cela arrive le plus souvent, des ordres d'achat ou de vente, des calomnies, la révélation des secrets de famille d'autres pensionnaires, etc.; quelquefois aussi, elles se multiplient tellement, que les parents eux-mêmes demandent qu'elles ne soient pas envoyées.

Dans les établissements publics, aucun aliéné ne peut faire des promenades extérieures, s'il n'est accompagné d'un infirmier ou s'il n'est confié à un parent, ou à un ami, qui prend la responsabilité de la surveillance. La permission de sortie, délivrée par le médecin-chef et visée par le directeur, doit mentionner le nom de la personne qui accompagnera ou recevra le malade et déterminer la durée de l'absence (règlement, art. 170). Dans les établissements privés, les permissions de sorties s'accordent plus facilement et avec moins de restrictions. Lorsque les malades sont devenus tranquilles et qu'ils ne présentent pas des symptômes de folie de nature à troubler la tranquillité publique, on les laisse sortir avec leur domestique pour se promener dans la campagne ou dans Paris; quelques-uns obtiennent la permission d'aller au spectacle, mais toujours accompagnés. Plusieurs mêmes sortent seuls : on cite un employé de la banque de France et un employé du ministère des finances, traités dans l'établissement de M. Brière de Boismont, qui, pendant plusieurs années sortaient chaque jour pour aller remplir leurs fonctions (1).

Quand la maladie s'est améliorée mais reste stationnaire, et lorsque le caractère de la folie n'a rien de dangereux, quelques chefs d'établissement envoient les aliénés passer quelques temps dans leurs familles. Ces essais, qui ont quelquefois produit d'heureux résultats, n'ont été prévus ni par la loi, ni par les règlements. Ils ne paraissent pas être pratiqués dans les établissements publics, ni même habituellement dans la plupart des établissements privés.

§ 8. — Inspection des établissements d'aliénés.

Le préfet et les personnes spécialement déléguées à cet effet par lui, ou par le ministre de l'intérieur, le président du tribunal civil, le procureur impérial, le juge de paix, et le maire de la commune, sont chargés de visiter les établissements publics ou privés consacrés aux aliénés. Ils doivent recevoir les réclamations des personnes qui y sont placées et prendre à leur égard tous renseignements propres à faire connaître leur position. Les établissements privés doivent être visités à des jours indéterminés, une fois au moins chaque trimestre, par le procureur impérial de l'arrondissement; et les établissements publics une fois au moins par semestre. Les registres doivent leur être communiqués; et après la visite, ils doivent y opposer leur visa, leur signature et leurs observations, s'il y a lieu (loi de 1838, art. 4).

Usant du droit de faire visiter les établissements d'aliénés que lui donnait la loi, peu de temps après qu'elle a été votée, le ministre de l'intérieur institua un inspecteur général des aliénés (2). Jusqu'en 1848, il dut suffire seul à l'inspection des établissements publics et privés pour constater, en vertu des délégations qui lui étaient données, la situation des aliénés et l'exécution de la loi. Les quartiers d'aliénés placés dans les hospices et hôpitaux étaient aussi inspectés sans délégation par les inspecteurs généraux des établissements de bienfaisance, mais ils n'avaient mission de les examiner que sous le rapport de l'administration et de la comptabilité (arrêté du

(1) Ici se place un fait qui tend à prouver l'influence qu'exercent sur l'esprit d'un aliéné le séjour dans une maison de santé et des occupations réglées. L'un de ces employés ayant obtenu sa retraite, crut pouvoir sans danger quitter l'établissement. Très-peu de temps après on le ramenait complétement aliéné. Dès que la contrainte morale que lui imposaient son séjour dans l'établissement et ses fonctions avaient cessé, la maladie avait repris son cours.

(2) Cet inspecteur était M. le docteur Ferrus, médecin en chef de Bicêtre, qui avait activement coopéré avec M. le docteur Falret, à la préparation de la loi.

4 juin 1839). Un arrêté du 25 novembre 1848, développa le service de l'inspection des aliénés en créant un second inspecteur généra sans distinction de classe. Ce service n'a été en réalité légalement institué que par un décret du 15 janvier 1852. Aux termes de ce décret, le cadre du personnel de l'inspection pour les asiles d'aliénés devait se composer d'un inspecteur général de première classe, d'un inspecteur général de deuxième classe et d'un inspecteur général adjoint. Mais le décret ayant réservé les droits des inspecteurs généraux existant au moment où il fut promulgué, en réalité, après le décret, le service se composa des deux inspecteurs généraux de première classe déjà en exercice, d'un inspecteur général de deuxième classe et d'un inspecteur général adjoint. En 1856, les inspecteurs généraux adjoints furent supprimés, de fait, par la promotion à la seconde classe, de l'inspecteur général adjoint alors en exercice. Depuis cette époque, le service est fait par deux inspecteurs généraux de première classe et deux de deuxième classe. Ces inspecteurs forment une section du corps des inspecteurs généraux des services administratifs qui dépendent du ministère de l'intérieur, et ils siégent avec les inspecteurs généraux des autres services, lorsqu'ils se réunissent en conseil général. Les inspecteurs généraux de première classe ne peuvent être choisis que parmi ceux de deuxième classe; les inspecteurs généraux de deuxième classe, parmi les inspecteurs généraux adjoints, docteurs en médecine, comptant trois ans de nomination, ou parmi les docteurs médecins ayant exercé pendant cinq ans les fonctions de directeurs médecins ou de médecins en chef, ou de directeurs dans un service d'aliénés, comprenant au moins cent malades. Les seules conditions pour être inspecteur général adjoint, sont d'être âgé de vingt-cinq ans et d'être docteur médecin (décr. du 15 janvier 1852).

La distinction en classes ne confère aucune attribution particulière; tous les inspecteurs généraux ont les mêmes droits. Ces droits d'ailleurs sont excessivement restreints. Chaque année, ils inspectent les asiles publics et privés, et les quartiers d'aliénés dans les hospices et autres établissements de même nature; mais ils n'agissent pas en vertu d'un droit qui leur soit propre et qui résulte du titre de leurs fonctions. Il leur faut une délégation spéciale du ministre; sans cette délégation, l'entrée des établissements pourrait leur être refusée. Ils ne font pas leurs visites au jour qu'ils jugent le plus convenable et dans l'établissement qu'ils croient le plus utile d'inspecter; leurs tournées doivent commencer régulièrement au premier mai de chaque année, et conformément à un itinéraire tracé par le ministre. S'ils font d'autres visites, c'est seulement quand il leur est confié par le ministre des missions extraordinaires. Dans l'intervalle des tournées, réunis en conseil de section, ils donnent leur avis sur les projets de construction et d'appropriation et sur les règlements et la discipline des établissements d'aliénés, et ils délibèrent sur les diverses questions d'administration et d'organisation dont ils sont saisis par le ministre. Le décret ajoute qu'ils délibèrent aussi sur les questions dont l'utilité d'examen résulterait de leurs rapports d'inspection. Il semblerait en résulter un certain droit d'initiative; mais cette disposition du décret a été interprétée dans ce sens, qu'ils n'ont le droit de délibération que quand ils y sont provoqués par le ministre. De même, le décret leur donne la faculté de prendre part aux délibérations des inspecteurs généraux des prisons, toutes les fois qu'il s'agit de questions relatives à l'état sanitaire des prisons; mais dans la pratique on n'admettrait pas qu'ils pussent prendre part aux délibérations, même dans le cas prévu par le décret, à moins d'avoir été spécialement convoqués (décret du 15 janvier 1852, art. 1, 3, 6, 9, 10, 12 et suiv.). Quelques circulaires portent en outre que les inspecteurs seront consultés sur le choix du personnel des asiles; en fait, ils ne sont jamais consultés.

Les préfets ont le droit de nommer des inspecteurs de départements; un très-petit nombre d'entre eux en ont usé. Les conditions de la nomination de ces inspecteurs, leurs attributions et le mode de leur service n'ont jamais été réglés et organisés d'une manière générale et uniforme (1); ils ne fonctionnent à peu près régulièrement comme inspecteurs réels et effectifs des établissements d'aliénés que dans quatre ou cinq départements (2). Quelquefois les préfets ont choisi comme inspecteurs départementaux, les directeurs mêmes des asiles publics. Le plus souvent, ces inspecteurs ne sont pas même docteurs-médecins, et leur unique mission est d'aller sur place faire une enquête sur les ressources des familles, lorsqu'une demande à fin de placement d'un aliéné indigent est formée.

En fait, les établissements publics sont visités deux fois, les établissements privés quatre fois par an par les procureurs impériaux ou leurs substituts, et une fois par les inspecteurs généraux, indé-

(1) Aucune disposition du décret ou des ordonnances ne défend de choisir des délégués inspecteurs, qui soient parents des personnes intéressées dans l'établissement à visiter. Seulement le ministre de l'intérieur s'est engagé à recommander dans ses instructions de ne déléguer que des personnes n'ayant aucun rapport de parenté, d'amitié ou d'affaires avec les personnes à inspecter.

(2) On me cite les départements de la Seine, de Seine-et-Oise, de la Gironde et de la Somme.

pendamment des visites accidentelles pour enquêtes sur des questions spéciales ou sur des réclamations, et des visites des inspecteurs départementaux dans les rares départements où ils fonctionnent. Le président du tribunal civil, le juge de paix et le maire usent rarement du droit de visite que la loi leur a donné. On n'évalue pas à un dixième le nombre des départements dans lesquels quelques-uns d'entre eux se croient obligés de visiter l'asile une ou au plus deux fois par an; les procureurs impériaux eux-mêmes ne font pas toujours régulièrement les visites, et l'on cite des départements où ces visites ont été interrompues pendant plusieurs années.

A Paris, la surveillance est partagée entre le préfet de la Seine et le préfet de police.

Le préfet de la Seine n'a d'autorité directe que sur trois établissements fondés aux frais du département de la Seine et dans lesquels sont reçus les aliénés placés aux frais du département et des aliénés payant pension (1). Pour le service d'inspection de ces établissements, le préfet de la Seine a institué un inspecteur général départemental (2) qui constate l'aliénation avant que l'admission soit accordée et surveille les établissements eux-mêmes. Il visite de plus, sur délégations spéciales, les nombreux aliénés traités aux frais du département de la Seine, à Bicêtre, à la Salpêtrière et dans vingt-quatre asiles publics des départements avec lesquels le département de la Seine a passé des traités, dont le droit d'inspection est une des conditions. Mais dans ce cas l'inspection s'arrête aux individus pensionnés et ne s'étend pas aux établissements (3). Au mois de mai 1867, le préfet de la Seine a annexé à l'asile Saint-Anne un bureau central d'examen où doivent être amenés tous les aliénés dont le placement lui est demandé; là ils sont examinés par l'inspecteur général et, si l'aliénation est constatée, ils sont répartis dans les divers établissements suivant la nature et la forme de leur aliénation mentale. Plusieurs fois il est arrivé que cet examen préliminaire a fait reconnaître que des individus présentés comme aliénés, étaient seulement

(1) Ces établissements sont Sainte-Anne, Ville-Évrard et Vaucluse. Les deux derniers ne sont même pas dans le département de la Seine, mais dans celui de Seine-et-Oise.

(2) L'inspecteur actuel est M. Girard de Cailleux, ancien directeur de l'asile public d'Auxerre.

(3) Le chiffre de 24 départements est donné avec leur désignation, par le compte rendu des établissements de bienfaisance de la Seine, pour l'année 1864, publié en 1865. Il en résulte aussi que les 24 établissements renfermaient à cette époque 2,709 aliénés, appartenant au département de la Seine, et qu'en outre, dans les autres maisons, 51 aliénés étaient à la charge de ce département comme y ayant leur domicile de secours.

atteints de diverses maladies qui n'altèrent qu'accidentellement la raison.

Le préfet de police ordonne les placements d'office des individus reconnus dangereux, à la suite d'enquêtes et de visites de médecins ordonnées par lui; c'est à lui aussi qu'il appartient de faire visiter, dans les trois jours de la réception du bulletin de placement, les individus volontairement placés dans les asiles privés. Ces visites sont faites par des médecins attachés au service de la préfecture et spécialement délégués pour chaque visite. Les mêmes médecins, ou un inspecteur non médecin, suivant les cas, sont délégués pour faire des enquêtes dans toutes les circonstances où il est adressé à la préfecture de police des réclamations ou des plaintes par les aliénés, ce qui est assez fréquent, ou s'il survient des accidents, ou lorsqu'il y a lieu de rechercher s'il convient d'apporter des modifications au régime, au traitement, etc., etc.

A moins de missions spéciales, les fonctions des visiteurs et des inspecteurs consistent : 1° à constater l'état des registres; la tenue de l'établissement; les conditions hygiéniques dans lesquelles il est placé et son isolement des maisons voisines; quel est le règlement intérieur et comment il s'exécute; quel est le régime alimentaire; 2° à recevoir les réclamations des aliénés et les plaintes en détention arbitraire.

Après chaque inspection, les inspecteurs généraux font au ministre des rapports qui ne sont pas publiés; les inspecteurs départementaux, les médecins et les inspecteurs de la préfecture de police font aussi des rapports adressés aux préfets. Ces rapports ne sont pas centralisés au ministère et restent secrets. Lorsque les inspecteurs généraux ou départementaux pensent qu'il y a des modifications à introduire dans la conduite de l'établissement ou un blâme à infliger, ils en informent les préfets qui, le plus souvent, font transmettre de vive voix, par leurs agents, leurs observations aux directeurs des établissements. S'il est statué sur des plaintes ou des réclamations, il n'est pas ordinairement donné connaissance par écrit aux personnes intéressées des rapports et de la suite qu'ils ont reçue, on se borne à les informer des décisions qui les touchent directement. Si les préfets sont prévenus par les inspecteurs, ou par une voie quelconque, de quelques faits concernant la violation de la liberté individuelle, ou de contraventions de nature à être poursuivies devant les tribunaux, ils doivent, aux termes des circulaires et des explications données par le rapporteur dans la discussion de la loi, saisir directement les officiers de police judiciaire, sans qu'il soit nécessaire d'en référer au ministre.

Les fonctionnaires chargés par la loi de visiter les établissements publics ou privés, et les inspecteurs, même les inspecteurs généraux, quoique tenus de recevoir les réclamations des séquestrés et de prendre tous les renseignements propres à faire connaître leur position, n'ont pas un droit d'enquête direct et immédiat; ils ne peuvent entendre des témoins et faire une information complète. Si les abus rentrent dans leur ressort, ils peuvent, il est vrai, les réprimer en vertu de l'autorité que leur donnent leurs fonctions spéciales; mais, dans les autres cas, ils doivent se borner à saisir l'autorité compétente, c'est-à-dire : soit l'autorité administrative, si les observations portent sur le régime ou la direction de la maison; soit les officiers de police judiciaire, si les observations concernent les personnes. C'est alors à l'autorité administrative ou à l'autorité judiciaire à procéder, s'il y a lieu, à des enquêtes pour constater les faits (1).

§ 9. — Administration des biens des aliénés séquestrés.

Les commissions administratives dans les hôpitaux, les commissions de surveillance dans les asiles exercent de droit les fonctions d'administrateurs provisoires des biens de tout aliéné non interdit qui est placé dans ces établissements. Ces fonctions sont remplies par un de leurs membres qu'elles délèguent spécialement chaque année dans la séance ordinaire de janvier (loi de 1838, art. 31, et art. 8 du règlement du 20 mars 1857). Le droit de désigner un administrateur légal n'appartient qu'aux commissions de surveillance des établissements publics, il ne peut être exercé par les commissions de surveillance instituées en vertu d'instructions ministérielles près des établissements privés avec lesquels les départements ont fait des traités, (circul. du 16 janv. 1860). Dans ces établissements comme dans tous les établissements privés, il ne peut être nommé des administrateurs provisoires aux aliénés que par le tribunal du lieu de leur domicile. Cette nomination est faite en chambre du conseil, après délibération du conseil de famille et sur les conclusions du procureur impérial; elle doit avoir été demandée par les parents, l'époux ou l'épouse, ou provoquée d'office par le ministère public. Les familles peuvent faire nommer un administrateur provisoire même aux aliénés placés dans les établissements publics : dans ce cas les pouvoirs de l'administrateur légal cessent. La commission de surveillance elle-même a le droit de provoquer la nomination d'un administrateur

(1) Réponse du ministre de l'intérieur dans la discussion de la loi (*Moniteur* du 9 février 1838, p. 250).

provisoire par le tribunal, lorsqu'elle juge utile de se décharger de l'administration des biens d'un aliéné (loi de 1838, art. 32).

Les administrateurs peuvent procéder au recouvrement des sommes dues à l'aliéné et à l'acquittement de ses dettes, passer des baux qui n'excèdent pas trois ans et même, avec l'autorisation du tribunal, aire vendre le mobilier de l'aliéné; ils peuvent le représenter dans les inventaires, comptes, partages et liquidations dans lesquels il est intéressé, mais ils ne peuvent intenter en son nom une action mobilière ou immobilière, ni même répondre à une demande formée contre lui. L'aliéné ne peut être représenté en justice, soit comme demandeur, soit comme défendeur, que par un mandataire spécial nommé par le tribunal (*ibid.*, art. 31, 33, 36) (1).

Les sommes reçues par les administrateurs légaux doivent être versées directement dans la caisse des établissements, et employées, s'il y a lieu, au profit de l'aliéné; le cautionnement du receveur est affecté à la garantie de ces sommes, par privilége aux créances de toute nature (*ibid.*, art. 31).

Lorsque le tribunal nomme un administrateur provisoire, il peut, sur la demande des personnes intéressées ou sur celle du procureur impérial, constituer sur ses biens une hypothèque générale ou spéciale jusqu'à concurrence d'une somme déterminée par le jugement. Cette hypothèque doit être inscrite dans un délai de quinze jours à la diligence du procureur impérial (*ibid.*, art. 34).

Les fonctions des administrateurs provisoires cessent de plein droit dès que la personne placée dans un établissement d'aliénés n'y est plus retenue, qu'elle soit guérie ou non guérie; les pouvoirs des administrateurs nommés par le tribunal aux personnes qui ne sont pas entretenues par l'administration dans les établissements privés, cessent de plein droit à l'expiration d'un délai de trois ans; mais ils peuvent être renouvelés (*ibid.*, art. 67). La loi ne contient aucune prévision relativement aux comptes à rendre par les administrateurs provisoires et à la surveillance à exercer sur leur gestion.

Sur la demande des personnes qui peuvent demander la nomination de l'administrateur provisoire, et de plus sur la demande de l'aliéné lui-même ou seulement sur celle d'un ami, outre l'administrateur provisoire, le tribunal peut, en chambre du conseil, nommer

(1) Pour tous les autres actes qui dépassent les pouvoirs d'un administrateur nommé dans le cours d'une procédure en interdiction, tels que: les actes d'acquisition ou d'aliénation d'immeubles, les transactions, les acceptations ou les répudiations d'une succession, les dépenses de réparation ou d'amélioration des immeubles excédant le revenu, les emprunts sur hypothèque, etc. il faudrait recourir à l'interdiction.

à l'aliéné non interdit, placé dans un établissement, un curateur à la personne. Ce curateur doit veiller : 1° à ce que les revenus de l'aliéné soient employés à adoucir son sort et à accélérer sa guérison ; 2° à ce qu'il soit rendu au libre exercice de ses droits dès que sa situation le permet. Le curateur ne peut être choisi parmi les héritiers présomptifs de l'aliéné (*ibid.*, art. 38).

Malgré la présomption que tout individu séquestré dans un établissement d'aliénés, est atteint d'aliénation mentale et qu'il est hors d'état de gérer ses affaires, la loi n'a pas cru pouvoir prononcer de plein droit, comme en cas d'interdiction, la nullité de ses actes (1) ; mais elle a permis d'attaquer, pour cause de démence, les actes faits par toute personne placée dans un établissement d'aliénés pendant le temps qu'elle y aura été retenue. L'action en nullité peut être exercée pendant dix ans, qui commencent à courir, à l'égard de l'aliéné, à dater de la signification qui lui en aura été faite ou de la connaissance qu'il en aura eue après sa sortie définitive de la maison d'aliénés; et à l'égard des héritiers, à dater de la signification qui lui en aura été faite, ou de la connaissance qu'ils en auront eue après le décès de l'aliéné. Lorsque les dix ans ont commencé de courir contre l'aliéné, ils continuent à courir contre ses héritiers (*ibid.*, art. 39).

§ 10. — Aliénés détenus, poursuivis ou condamnés pour crimes ou délits.

En France comme en Angleterre, la loi reconnaît qu'il n'y a ni crime ni délit dans une action coupable commise au moment où le prévenu était en état de démence (C. pén., art. 64), mais elle n'a pas déterminé la conduite à tenir vis-à-vis du prévenu ou du condamné, dans les différents cas qui peuvent se présenter. Les règles à suivre ont été établies par la jurisprudence; elles résultent de l'application des principes généraux.

La démence, au moment de l'acte criminel, est un fait qui doit être constaté par le magistrat ou par le tribunal saisi des poursuites. L'interdiction antérieure du prévenu ne suffirait pas pour établir légalement que l'acte reproché à l'interdit a été commis dans un

(1) Les actes faits par un aliéné interdit, après son interdiction, sont nuls; les actes antérieurs peuvent être annulés si la cause de l'interdiction existait notoirement à l'époque où ils ont été faits; après le décès d'un aliéné on ne peut attaquer ses actes qu'autant que son interdiction a été prononcée ou provoquée, ou que l'acte attaqué témoigne lui-même de la démence (art. 502 à 504 C. civ.). Avant la loi de 1838, hors de ces cas nul n'était admis à attaquer un acte pour cause de démence; l'article 39 a introduit un droit nouveau.

accès d'aliénation mentale. L'interdit, s'il est en état de présenter sa défense, peut être mis en jugement et condamné. Si la démence est postérieure au crime, les poursuites doivent être suspendues jusqu'à la guérison. Si elle se manifeste au moment des débats, il y a lieu de surseoir; si elle se manifeste après la condamnation, il est sursis à l'exécution des peines corporelles. Le temps du sursis ne peut être compté pour la prescription, ni de l'action, ni de la peine. Lorsque la Cour d'assises est saisie, c'est la Cour qui apprécie s'il convient de passer outre; le jury n'est appelé à résoudre que la question de démence au moment du crime. Après le jugement, tant que l'exécution n'est pas commencée, c'est au ministère public, qui est chargé de faire exécuter les condamnations, à faire constater la démence de la manière qu'il juge convenable, et à surseoir s'il y a lieu. Lorsque les peines de l'emprisonnement, de la reclusion, ou des travaux forcés sont commencées, il n'y a plus lieu à sursis. Elles continuent à courir, quoique l'aliéné ait été transféré hors du lieu où il devait les subir.

C'est à l'autorité administrative qu'il appartient de prendre les mesures de police convenables à l'égard de l'auteur d'un crime ou d'un délit, atteint d'aliénation mentale. Les tribunaux et les autorités judiciaires se bornent à constater l'état de démence. La loi n'a prescrit aucune formalité particulière pour la séquestration d'un prévenu, d'un détenu ou d'un condamné aliéné; il reste dans le droit commun. Si cela devient nécessaire (1), il est placé d'office dans les établissements publics du département, par le préfet, dans les termes de la loi de 1838, comme un aliéné ordinaire. Seulement, s'il est en état de détention préventive, tant que l'autorité judiciaire n'est pas dessaisie, il faut qu'elle consente à la translation. Un accusé ne peut être transféré sans l'autorisation du président de la Cour d'assises, et un prévenu sans l'autorisation du procureur impérial ou du procureur général. Les autorités qui ordonnent la translation, pourvoient à la garde de l'aliéné dans l'établissement, si elles le jugent nécessaire (loi du 4 vend. an VI, art. 15 et 16; arrêt de la Cour d'assises de la Seine, du 27 septembre 1832, aff. Rascans).

(1) Aux termes d'une circulaire ministérielle du 25 août 1849, les détenus malades ne peuvent jamais être transportés dans une maison de santé, et il n'y a lieu de les transférer dans un hospice que lorsque la prison n'a pas d'infirmerie, ou qu'il n'est pas possible de donner dans l'infirmerie les soins nécessaires.

§ 11. — En quoi diffèrent la législation anglaise et la législation française.

Les analyses successives que je viens de faire des législations anglaise et française, ont déjà suffi par leur seul rapprochement pour permettre d'en saisir facilement les analogies et les différences. Il ne sera peut-être cependant pas inutile, sans entrer dans les détails, d'appeler plus particulièrement l'attention sur quelques points principaux qui résument les dissemblances les plus caractéristiques.

La procédure *by inquisition* et la procédure d'interdiction (1) diffèrent plus par la forme que par le fond; elles conduisent au même résultat, et la différence des moyens ne doit pas être attribuée à des considérations tirées du plus ou moins de garantie que l'on a voulu donner aux individus dont l'interdiction est poursuivie; elle n'est que la conséquence de la différence de l'organisation judiciaire et des lois de la procédure dans les deux pays. Ce qui frappera peut-être le plus les esprits en France, c'est le droit accordé, en Angleterre, à l'aliéné supposé de demander son renvoi devant un jury civil; mais ce renvoi n'est que l'application d'une règle générale admise dans tous les procès. Il importe d'ailleurs de faire remarquer que la loi sur l'*inquisition* en a singulièrement atténué l'effet, en permettant au lord chancelier de remettre en question la décision du jury par des renvois successifs devant de nouveaux jurés, tant que, dans son opinion, ils n'ont pas rendu une décision convenable, alors que le droit d'appel des décisions du jury est refusé à l'aliéné (2). Le lord chancelier peut même s'opposer au renvoi devant le jury, quand il est d'accord avec les *masters in lunacy*, et qu'il est reconnu que l'aliéné n'a pas suffisamment sa raison pour qu'il y ait utilité à ce renvoi (3). En substituant les *masters in lunacy*, véritable tribunal spécial, aux commissions *de lunatico inquirendo* et en simplifiant les moyens qui peuvent dispenser d'un renvoi devant le jury, le législateur anglais a suffisamment indiqué que dans sa pensée ce renvoi n'est pas une garantie indispensable. En France, l'avis exigé du conseil de famille, le droit d'appel en audience solennelle des décisions des tribunaux de première instance, et les enquêtes judiciaires qui peuvent être demandées et ordonnées devant les deux juridictions, donnent une garantie au moins égale.

Mais la différence entre la loi anglaise et la loi française s'accuse nettement dans les pouvoirs accordés au tuteur et au curateur sur

(1) Voir pages 7 et 47.
(2) Voir page 8.
(3) Voir page 7.

la personne de l'aliéné interdit et sur ses biens. En Angleterre, ces pouvoirs sont très-restreints et assujettis à un contrôle incessant; en France, l'interdit et sa fortune deviennent en quelque sorte la chose du tuteur. Sauf quelques restrictions sans efficacité pour empêcher de dilapider ses biens, la loi abandonne complétement l'aliéné après son interdiction, l'administrateur provisoire lui-même que la loi donne aux aliénés séquestrés, n'est soumis à aucune surveillance.

Le même contraste existe quant aux aliénés qui ne sont ni interdits ni renfermés dans les établissements d'aliénés (1). En Angleterre, où cependant la vie intérieure est si respectée, la loi veille sur tous les aliénés quels qu'ils soient, jusque dans l'intérieur de la famille. S'ils ne reçoivent pas les soins qui leur sont dus, si leur fortune est mal gérée, elle intervient; la loi française ne s'émeut ni de l'abandon dans lequel est laissé l'aliéné, ni de sa spoliation; elle n'intervient que quand un crime ou un délit ont été commis.

L'organisation des établissements d'aliénés ne diffère pas sensiblement en France et en Angleterre (2). Seulement en Angleterre cette organisation est réglée par la loi; en France, elle ne repose en grande partie que sur des règlements et des circulaires ministérielles révocables, par lesquels il a fallu compléter la loi et l'ordonnance rendue pour son exécution. Il existe cependant dans la loi française une lacune assez grave; elle ne s'est pas préoccupée de l'aliéné traité seul hors de son domicile, et séquestré chez un tiers qui tire un bénéfice des soins qu'il lui donne.

Le mode d'admission pour les placements volontaires est à peu près le même (3); toutefois, en Angleterre, il est entouré de plus de précautions. En France, on se contente du certificat d'un seul médecin; en Angleterre, on exige les attestations de deux médecins qui doivent examiner séparément l'aliéné; la forme des certificats est prescrite par la loi et calculée pour obliger les médecins à des constatations et à des justifications plus précises, et en même temps la loi édicte une pénalité spéciale pour les déclarations inexactes et proclame la responsabilité du médecin envers l'aliéné; mais en France il y a de plus qu'en Angleterre la visite que fait faire préfet par un médecin, dans les trois jours de l'admission, pour constater l'aliénation.

Les avis des admissions données au préfet et aux autres autorités

(1) Voir pages 13 et 49.
(2) Voir pages 22 à 25 et 49 à 53.
(3) Voir pages 20 et 53.

en France, correspondent à l'avis donné aux *commissioners in lunacy*; en Angleterre et en France les constatations et les mentions sur les registres sont les mêmes, à l'exception des observations des visiteurs légaux et des inspecteurs, qui en France n'y sont pas portées.

Pour les placements charitables et les placements d'office, les différences sont plus caractérisées (1).

Le principe que tout aliéné indigent a droit à des secours et à un traitement est appliqué beaucoup plus strictement en Angleterre qu'en France, peut-être par une conséquence directe de la loi sur les pauvres. En France, le service de surveillance et de service médical à domicile pour les aliénés indigents n'est pas organisé, et tous les aliénés indigents sans exception, ne sont pas secourus ou envoyés aux asiles comme en Angleterre. En Angleterre, certains fonctionnaires des paroisses sont obligés, sous peine d'amende, de signaler au juge de paix les aliénés indigents; le juge de paix ne peut se dispenser de les placer dans les asiles, quand leur position l'exige, et les paroisses sont obligées de pourvoir à leur traitement, quel que soit leur nombre; en France, au contraire, il faut des demandes spéciales, des sollicitations souvent; il y a des formalités à remplir, des vacances à attendre dans les asiles; il peut en résulter des abus. Il n'est pas impossible que, pour quelques individus favorisés, l'asile devienne une retraite, pendant que des aliénés qui devraient y être traités n'y trouveraient pas de place.

Mais c'est principalement dans le mode de placement que les deux lois diffèrent. Le placement est fait par les juges de paix en Angleterre, et en France par le préfet ou avec son autorisation. Il ne faut pas cependant attacher à ce fait une trop grande importance. Le juge de paix anglais est à la fois un fonctionnaire de l'ordre administratif et un magistrat de l'ordre judiciaire. Dans le placement des aliénés, il agit plutôt comme fonctionnaire administratif que comme juge. De ce point de vue le seul avantage qu'il ait sur le préfet, c'est que plus rapproché des populations au milieu desquelles il est pris et avec lesquelles il est en rapport journalier, il les connaît mieux que le préfet les habitants de son département, et qu'il peut moins être induit en erreur. Une différence plus réelle tient au mode d'action qui n'est pas le même. Le préfet statue seul sur une enquête faite par des délégués, quelquefois même sans enquête. Le juge de paix anglais ne peut envoyer à l'asile un aliéné sans l'avoir vu, sans l'avoir interrogé, sans s'être formé une conviction personnelle sur l'existence de l'aliénation mentale. S'il s'agit

1) Voir pages 33, 56 et 57.

du placement charitable d'un indigent domicilié dans la juridiction et désigné comme aliéné par la notoriété publique et les officiers des pauvres, il statue seul immédiatement avec l'assistance d'un médecin. Mais s'il s'agit d'un inconnu, d'un aliéné errant, ou d'un aliéné non indigent, l'enquête faite par le premier juge de paix saisi n'est que préparatoire; c'est seulement après une seconde enquête faite par *deux* juges de paix que l'ordre d'admission est donné. Même pour les placements d'office des aliénés dangereux, le juge de paix ne peut statuer seul; l'enquête doit être faite et la décision prise par deux juges de paix.

Lorsqu'on arrive à la surveillance et à l'inspection des établissements où sont séquestrés les aliénés, il n'y a plus d'analogies à rechercher entre la législation française et la législation anglaise (1).

L'inspection des aliénés a été élevée en Angleterre à la hauteur d'une institution : ce qu'on appelle l'inspection en France, ne peut sous aucun point de vue lui être comparé. En France, les inspecteurs généraux ne sont que des délégués momentanés. En dehors des délégations périodiques ou accidentelles qu'ils reçoivent du ministre de l'intérieur, ils sont sans pouvoirs, sans action, sans attributions sérieuses. Les *commissioners in lunacy* exercent une véritable fonction publique. Ils sont sous la surveillance du lord chancelier et du ministre de l'intérieur, mais ils ne sont pas subordonnés à leur impulsion et ne sont pas obligés d'attendre leurs ordres pour agir. Par le seul fait de leur investiture, ils ont un droit de surveillance sur tous les aliénés et sur tous les établissements de l'Angleterre. Ils forment un corps fortement organisé et constitué, qui peut spontanément se réunir, délibérer, prendre des décisions, faire des règlements. La loi leur impose un certain nombre de visites obligatoires; mais, en dehors de ces visites, ils ont le droit d'inspecter les établissements autant de fois qu'ils le jugent utile, et exercent sur eux un contrôle efficace. Ils ont la faculté dans certains cas d'ordonner des admissions dans les asiles et dans les établissements privés, et toujours de faire mettre en liberté les aliénés quand il leur paraît qu'ils sont détenus sans cause suffisante. C'est à eux qu'aboutissent tous les renseignements concernant les individus séquestrés; ils centralisent les résultats des inspections de paroisse et de comté, qui elles-mêmes sont partout légalement organisées et fonctionnent régulièrement. Leurs rapports annuels ont une haute importance et pour le médecin aliéniste et pour le législateur. Ils

(1) Voir pages 25 à 27, 32, 36, 43 pour l'Angleterre et pour la France pages 64 à 69.

ne laissent dans l'ombre aucune des parties du service administratif et des résultats des différents modes de traitement; il signalent les lacunes de la législation et tous les abus. Chaque année, ils sont publiés; et ils ont exercé et ils exercent en Angleterre la plus légitime influence sur la législation relative aux aliénés. Dans la pensée des Anglais, cette institution est la plus forte et la plus sûre des garanties, et peut-être la seule garantie pratique possible contre les abus des séquestrations arbitraires, soit par l'administration, soit par les familles.

Je ne pourrais pousser plus loin la comparaison entre les deux législations, sans entrer dans des détails trop minutieux. Ce que je viens de dire suffit pour mesurer la distance qui les sépare. Je ferai seulement remarquer que les différences existant entre elles, résultent principalement des changements et améliorations apportés à la législation anglaise depuis 1838. La loi française est restée stationnaire; la loi anglaise a profité des enseignements d'une expérience de trente années.

III

Les aliénés en Suisse, en Hollande, en Belgique, en Écosse, en Allemagne et aux États-Unis.

La loi anglaise et la loi française ont servi de type aux législations des autres nations sur les aliénés. L'analyse détaillée que je viens d'en faire rend inutile une analyse aussi complète de ces législations. La loi dans chaque pays a son caractère particulier, mais ce caractère ne tient le plus souvent qu'à la différence des organisations administratives et judiciaires auxquelles chaque législateur a dû adapter les dispositions légales des législations anglaise ou française, qui lui ont paru répondre le mieux au but qu'il voulait atteindre. Il n'en résulte ordinairement, en réalité, aucune notion, aucune garantie nouvelle. Les seules dispositions de ces lois qu'il y ait un intérêt sérieux à signaler dans leur entier, sont celles dans lesquelles les législateurs ont essayé d'innover, en profitant de l'expérience acquise, pour améliorer la loi et prévenir les abus. Pour les autres dispositions, il suffit d'indiquer à quel système la loi se rattache.

Dans l'exposé qui suit, j'analyse les lois les plus importantes en les plaçant par ordre chronologique. Il m'a semblé que cet ordre, par le rapprochement des dates avec celles des législations anglaise et française, permet mieux d'apprécier l'influence directe qu'elles ont exercée, et celle qui peut être attribuée à l'expérience acquise depuis qu'elles fonctionnent. Quant aux lois dont je n'avais à citer que quelques dispositions isolées ou à faire mention seulement pour ne pas laisser une lacune, je les ai mises à la suite des lois entières, sans chercher à les classer.

§ 1er. — Loi de Genève (5 février 1838).

Dans le canton de Genève, il existe des établissements publics et des établissements privés pour les aliénés. Tout domicile où l'aliéné est retenu par contrainte et soigné, *même seul*, par une personne qui n'appartient pas à sa famille, est considéré comme établissement privé. Tous les établissements publics et privés sont placés sous la surveillance du Conseil d'État. Nul ne peut former ou diriger un établissement privé sans en avoir fait préalablement, au Conseil d'État, une déclaration qui est consignée sur un registre spécial. Le Conseil d'État peut, après enquête, faire fermer les établissements contre lesquels il est porté des plaintes. Tout établissement est tenu d'avoir un registre spécial sur lequel sont inscrits les aliénés à leur entrée. Il y est fait mention de l'autorisation ou de l'ordre en vertu desquels ils ont été reçus ou retenus, de l'époque de l'entrée et de la sortie, des nominations des tuteurs aux interdits ou des administrateurs provisoires aux aliénés (art. 1, 10, 11, 12 de la loi, et art. 11 et 12 du règlement du Conseil d'État).

Aucun aliéné ne peut être reçu dans un établissement d'aliénés sans une autorisation ou un ordre par écrit du lieutenant de police. Il peut accorder l'autorisation sur la demande des parents ou du conjoint de l'aliéné, et donner d'office des ordres de placement. L'autorisation ou l'ordre ne peuvent être donnés qu'après que l'aliéné a été vu ou par le lieutenant de police lui-même, ou par un auditeur délégué à cet effet, ou par le maire de la commune. On peut se dispenser de représenter la personne de l'aliéné en produisant un avis écrit d'un docteur de la faculté de Genève, ou d'un officier de santé reçu dans le canton. L'autorisation ou l'ordre ne peuvent avoir d'effet pendant plus de *six mois*. Ils peuvent être renouvelés. Après le troisième renouvellement, ils peuvent n'être renouvelés que d'année en année. Les demandes en renouvellement faites par les familles, doivent être appuyées d'un rapport du médecin qui donne des soins à l'aliéné, ou d'une demande de le faire visiter de nouveau. Les renouvellements des placements d'office doivent aussi être précédés d'un rapport écrit des médecins de l'établissement ou d'un médecin délégué. Le lieutenant de police doit, dans les vingt-quatre heures, donner connaissance au procureur général des autorisations, ordres ou renouvellements qu'il aura accordés, et des renseignements par lui obtenus. Les réclamations ou oppositions sont soumises au collége des syndics. Ce collége peut faire examiner les aliénés prétendus par une commission de trois docteurs de la faculté de Genève, nommée chaque année par le Conseil d'État (art. 1 à 6 de la loi; art. 1, 4, 5, 6, 9 du règlement).

L'inspection de chaque établissement public ou privé doit être faite au moins deux fois par année, par le lieutenant de police. Il peut se faire remplacer dans cette inspection par un auditeur délégué, ou par le maire de la commune de l'établissement. Le procureur général et ses substituts ont aussi le droit d'inspection. Les propriétaires ou les directeurs des établissements doivent leur fournir tous les renseignements qu'ils demandent, sous peine d'amende (art. 13, 14, 15 du règlement).

L'individu placé dans un établissement d'aliénés ne doit plus y être retenu dès que les causes du placement ont cessé. Elles sont considérées comme ayant cessé : 1° si le temps pour lequel l'autorisation ou l'ordre sont valables s'est écoulé sans qu'ils aient été renouvelés; 2° si la mainlevée de l'interdiction a été prononcée par le tribunal; 3° si les personnes qui ont requis le placement demandent que l'aliéné leur soit rendu; 4° si les médecins de l'établissement estiment qu'il y a lieu de permettre la sortie. Dans ces trois derniers cas le directeur de l'établissement doit, avant la sortie de l'aliéné, en prévenir le lieutenant de police six jours à l'avance au moins. Si le lieutenant de police a des motifs pour s'opposer à la sortie, il y forme opposition et il est statué par le collége des syndics. Ce collége peut, dans tous les cas, ordonner d'office la sortie de toute personne séquestrée, après avoir pris l'avis du lieutenant de police (art. 7, 8 de la loi; art. 7 du règlement).

Il peut être nommé un administrateur provisoire aux biens de l'aliéné, non pourvu d'un tuteur et placé dans un établissement, dans les mêmes circonstances et à peu près dans la même forme qu'en France. La nomination peut être provoquée par le procureur général; dans les dix jours qui suivent chaque placement dans un établissement privé, la question de l'opportunité de cette nomination doit lui être rappelée par un avertissement spécial du directeur ou du propriétaire de l'établissement. L'administrateur peut être assujetti par l'ordonnance de nomination, à faire inventaire lors de son entrée en fonctions. Ses pouvoirs cessent de plein droit dès que l'aliéné n'est plus retenu dans l'établissement; ils cessent aussi après deux années révolues lorsqu'ils n'ont pas été renouvelés avant l'expiration de ce terme. La demande en renouvellement peut être formée par les personnes intéressées et par l'administrateur lui-même, qui reste responsable de sa gestion ou du défaut de gestion jusqu'au renouvellement. A la cessation de ses fonctions, il doit rendre compte de sa gestion à qui de droit. Le procureur général peut, pour cause d'imbécillité ou de démence, provoquer d'office l'interdiction de tout aliéné placé dans un établissement public ou privé, lors même qu'il a un conjoint ou des parents connus. Un tuteur est nommé à l'interdit. En entrant en fonctions, il doit remettre au juge de paix un état exact et détaillé de tous les biens de l'aliéné, et chaque année, à l'époque indiquée par ce juge, il doit lui rendre un compte exact et détaillé de sa gestion. S'il ne rend pas ce compte à l'époque indiquée, il peut être condamné à l'amende. Les actes faits pendant que l'aliéné était dans un établissement peuvent, comme en France, être attaqués après son décès pour cause de démence (art. 15 à 16, 19, 21 à 24 de la loi sur les aliénés et Code civil de Genève).

§ 2. — Loi des Pays-Bas (Hollande) (29 mai 1841).

Dans les Pays-Bas les établissements destinés à recevoir les aliénés sont divisés en établissements de traitement et en établissements de surveillance. Les établissements de traitement sont affectés aux aliénés dont la guérison peut être espérée; les établissements de surveillance sont réservés aux aliénés dangereux ou considérés comme incurables que « la loi exclut de la société. » Ces établissements sont institués par des décrets royaux qui spécifient leur destination; dans les cas pressants, et si leur disposition le permet, le roi peut classer les maisons de surveillance parmi les établissements de traitement, mais par exception et seulement pour un temps déterminé. Les maisons particulières qui reçoivent plusieurs aliénés étrangers à la famille, peuvent être assimilées aux établissements de traitement. Les établissements de traitement doivent être exclusivement destinés aux aliénés. Les aliénés doivent être traités dans des bâtiments séparés. On ne peut réunir dans le même bâtiment plusieurs personnes atteintes d'aliénation mentale, que dans les cas de nécessité urgente, avec l'autorisation du roi, et encore il faut ménager des séparations (loi de 1841, art. 2 et 3).

Les aliénés ne peuvent être reçus dans les maisons de surveillance que quand leur interdiction a été provoquée, et sur l'ordre des tribunaux saisis de la demande en interdiction. Les articles 487 à 518 du Code des Pays-Bas relatifs à l'interdiction sont la reproduction textuelle, sauf de très-légères différences (1), des articles 489 à 512 du Code civil français, mais, aux dispositions de ces articles, ils ajoutent le droit d'ordonner la détention de l'aliéné. Ils se résument ainsi : tout majeur qui est dans un état habituel d'imbécillité, de démence ou de fureur doit être interdit, même quand son état présente des intervalles lucides. L'interdiction peut être provoquée par un des parents ou l'un des conjoints, et en cas de fureur par le ministère public agissant d'office. En prononçant l'interdiction, le tribunal, à la requête des parents ou du ministère public, peut dans l'intérêt de la sûreté publique ordonner, pour une année, la détention de la personne à interdire. Cette détention peut être prolongée d'année en année à la demande du tuteur ou curateur de l'interdit, le ministère public entendu. Lorsque la détention n'a pas été ordonnée au moment de l'interdiction, le conseil de famille, selon le caractère de la maladie de l'interdit et l'état de sa fortune, peut arrêter qu'il sera traité dans son domicile, ou qu'il sera placé dans une maison de santé et même dans un hospice; mais de plus, s'il y a lieu, lorsque l'état de la personne ou la sûreté publique l'exigent, le tribunal peut ordonner que l'interdit sera mis provisoirement, ou pour une époque qui n'excédera pas une année, dans une maison de santé ou d'aliénés. Lorsque l'aliéné n'est pas majeur, il reste sous l'autorité de ses père et mère ou de son tuteur et ne peut être interdit; mais cependant il ne peut être enfermé dans un hospice sans une autorisation du tribunal (art. 509, 510, 518 du Code des Pays-Bas).

Nul ne peut être admis dans un établissement de traitement s'il est interdit comme aliéné (2), et sans un ordre du président du conseil d'arrondissement ou un ordre de ce conseil. Lorsqu'il devient nécessaire de donner des soins à une personne non interdite, frappée d'aliénation mentale, le mari, la femme, ou soit un parent ou un allié, soit une personne exerçant une surveillance sur le malade (3), adressent au président du conseil d'arrondissement du domicile ou de la résidence accidentelle de ce malade, un certificat médical

(1) Au lieu de prendre l'avis du conseil de famille, le tribunal entend lui-même les parents ou alliés sur les causes de la demande. Il en est dressé un procès-verbal qui est signifié au défendeur avant son interrogatoire. Le tuteur au lieu d'être nommé par le conseil de famille, est nommé par le juge de paix du canton : sur tous les autres points la procédure est la même.

(2) Dans les Pays-Bas le prodigue peut être interdit, il peut même être détenu comme l'aliéné; mais il ne peut être renfermé dans les maisons d'aliénés.

(3) Aux termes de l'article 11 de la loi, le malade lui-même peut demander l'autorisation d'entrer dans une maison de traitement. Sa demande est assujettie aux mêmes formalités que les demandes formées par des tiers.

donnant tous les renseignements relatifs au développement de l'affection mentale. Le certificat doit être signé par un médecin autre que celui de l'établissement où l'on désire placer le malade. Quinze jours au moins après l'envoi de ce certificat, la demande du placement de l'aliéné dans une maison de traitement déterminée peut être formée soit par requête d'avoué, soit par un réquisitoire du ministère public, dans les cas où, soit à défaut de famille, soit parce que la famille ne s'occupe pas de l'aliéné, le ministère public a été obligé d'intervenir d'office dans l'intérêt de l'ordre public ou dans la nécessité de prévenir des accidents. Si les faits constatés par le certificat du médecin établissent suffisamment l'existence d'une affection mentale; le président du conseil d'arrondissement, après en avoir prévenu le ministère public, donne l'ordre de placement, qui peut être exécuté immédiatement. S'il est d'avis de refuser l'autorisation il doit en référer au conseil d'arrondissement, qui décide. L'ordre du président, ou celui du conseil, doivent être exécutés dans les quinze jours après leur date. L'autorisation ainsi accordée n'est valable que pour *six semaines*. Cette période écoulée, une nouvelle demande des parents ou une nouvelle réquisition du ministère public doit être adressée au conseil d'arrondissement avec l'avis du médecin de l'établissement de traitement. Cet avis résume le résultat des observations qu'il a dû noter pendant quatre semaines, jour par jour, et énonce si l'état du malade est tel que son séjour doive être prolongé dans l'asile, soit pour arriver à une guérison, soit dans l'intérêt de l'ordre public ou pour parer à des malheurs. Sur le vu de cette pièce, le conseil d'arrondissement, s'il n'y a pas d'opposition du ministère public, peut autoriser le maintien de l'aliéné pendant un temps d'observation qui ne doit pas dépasser *un an*. Si l'avis du médecin ne lui paraît pas suffisant, le conseil a le droit de faire une enquête et d'entendre les personnes qui sont en état de donner des renseignements. Si le malade ne guérit pas pendant le temps d'épreuve, le conseil d'arrondissement, sur le vu du certificat motivé du médecin de l'établissement, peut ordonner une nouvelle prolongation d'une année. A l'échéance de cette deuxième année, qui termine ce que la loi considère comme un premier temps d'épreuve, on peut obtenir l'autorisation de maintenir l'aliéné dans la maison de traitement pendant un second temps d'épreuve en procédant toujours de la même manière. Mais à l'échéance du second temps d'épreuve, aucune nouvelle autorisation ne peut être donnée; le malade est considéré comme étant dans un état stationnaire d'affection mentale; s'il est majeur, son interdiction doit être provoquée et il ne peut plus être retenu que dans les maisons de surveillance qu'en vertu des décisions prises par les tribunaux civils (art. 10 à 16, 19 et 20 de la loi de 1841).

Les décisions judiciaires exigées pour l'admission des aliénés dans les établissements de traitement ou de surveillance qui leur sont destinés, ne sont considérées par la loi que comme de simples autorisations dont l'effet cesse *de plein droit* dès que la cause qui a motivé la décision, ou le terme pour lequel le placement a été ordonné ont cessé. Si dans une maison de traitement le médecin mentionne sur le registre d'entrée (1) qu'il n'existe aucun signe d'aliénation mentale chez les personnes entrées ou qu'elles sont suffisamment rétablies; si, dans une maison de surveillance, la guérison de l'aliéné est suffisamment démontrée, la direction des établissements ordonne la sortie, en s'entendant pour l'exécution avec les personnes qui ont demandé l'admission. Si dans les huit jours l'ordre n'est pas exécuté, la sortie est ordonnée de concert avec l'autorité de la commune où est situé l'établissement, et de la façon la plus convenable eu égard à la position de l'individu. Si les termes fixés par les décisions judiciaires ou les décisions des conseils d'arrondissement, sont échus sans qu'il ait été fait de demandes de prolongation, ou que les termes soient périmés, le ministère public peut ordonner la sortie, après s'être assuré qu'elle est sans danger pour l'ordre public. Si ce danger existait, il devrait prendre les mesures nécessaires pour la prolongation de la détention. Les personnes qui ont obtenu le placement des aliénés dans les établissements de traitement ou de surveillance, peuvent demander leur sortie, et les aliénés doivent leur être remis, à moins que le médecin de l'établissement ne certifie que la sortie ne peut avoir lieu sans danger pour l'ordre public ou sans crainte d'accident. Dans ce cas la direction en réfère au ministère public près le tribunal qui a ordonné le placement, et, sur la demande du ministère public, le tribunal peut ordonner le maintien tant que les craintes de danger ou le danger persisteront (art. 23, 24, 26 *ibid.*).

Les procureurs du roi doivent à des époques indéterminées, au moins une fois par trimestre, visiter tous les établissements d'aliénés de leur arrondissement pour s'assurer s'il n'existe pas de séques-

(1) Le registre d'entrée contient, comme en France, tous les renseignements relatifs à la position de l'aliéné dans l'établissement. Outre ce registre, il en est tenu un par le médecin qui doit y noter : les observations journalières dans les périodes d'épreuve ; tous les avis par lui donnés en exécution de la loi, et pour chaque malade: le traitement médical qu'il a subi, les différentes phases de la maladie, et les observations qu'elles peuvent suggérer dans l'intérêt du malade (art. 18 de la loi et art. 11, 12, 13 de l'ord. royale).

trations arbitraires et si les malades sont convenablement traités (1). Ils se font accompagner dans ces visites par le président ou par un médecin membre de la commission médicale du lieu ou de la province où est situé l'établissement. Si leur visite motive quelques observations, ils avertissent la direction et le médecin de l'établissement, chacun en ce qui les concerne. Les procureurs du roi et les membres des commissions médicales qui les ont accompagnés, font sur chaque visite un rapport au gouverneur de la province. Ce gouverneur visite aussi lui-même les établissements de son ressort, aussi souvent qu'il le juge utile et convenable, et il doit transmettre au ministre de l'intérieur les rapports qui lui ont été adressés par les procureurs du roi, en y joignant ses observations et le résultat de ses propres visites. De plus, chaque année, un certain nombre de maisons de surveillance ou de traitement désignées par le ministre de l'intérieur, sont inspectées par un magistrat et un médecin délégués pour constater jusqu'à quel point leur organisation, la direction et le traitement adopté remplissent le but que la loi s'est proposé. La désignation des maisons à visiter doit être telle que chaque établissement existant soit visité au moins une fois tous les trois ans. Un rapport détaillé de ces inspections est transmis au ministre de l'intérieur. Ce ministre, une fois par an, doit présenter au roi tous les rapports des visites ou des inspections, en les accompagnant de ses vues et de propositions sur les mesures à prendre pour améliorer les établissements. Les mesures, s'il y a lieu, sont prises par le roi, le ministre de la justice entendu (art. 7, 9 *ibid.*; et art. 4 à 8 de l'ord. royale du 5 octobre 1841).

Lorsque les intérêts d'un aliéné admis dans un établissement l'exigent, sur la demande de ses parents ou des parties intéressées, et, à leur défaut, sur la demande d'office du ministère public, il peut être nommé par le conseil d'arrondissement de son domicile un gérant provisoire des biens. Le gérant ne peut faire que des actes de simple gestion, et même il est obligé de prendre l'adhésion et l'autorisation du conseil d'arrondissement pour tous les actes de quelque importance. Le conseil, avant de donner son autorisation; doit obtenir l'assentiment de quatre des plus proches parents et du conjoint, ainsi que du ministère public (art. 28 de la loi).

Tous les actes faits en vertu de la loi sur les aliénés sont exempts

(1) Pour permettre d'atteindre ce but avec plus de certitude, la loi oblige les directeurs des établissements à donner avis dans les vingt-quatre heures aux procureurs du roi de toute admission ou sortie (art. 9). Les personnes admises ou maintenues contrairement à la loi, sont mises en liberté immédiatement, sans préjudice de l'application de la loi pénale (art. 25).

de timbre, d'enregistrement et de frais d'exécution. Les demandes ne sont pas enregistrées et les autres pièces sont exemptes de taxe (*ibid.*, art. 29).

§ 3. — Loi de Belgique (18 juin 1850).

La loi Belge reconnaît l'existence d'établissements publics et d'établissements privés, mais elle n'établit entre eux aucune distinction. Tout établissement destiné aux aliénés doit être autorisé par le gouvernement. Toute maison où un aliéné est traité *même seul* par une personne qui n'est ni son parent, ni son allié, ni son tuteur, curateur ou administrateur provisoire, est assimilée à un établissement (art. 1, 2 de la loi). Les autorisations sont données par arrêté royal; elles sont personnelles. Les arrêtés font mention du nombre d'aliénés de chaque sexe qui peuvent être admis, en distinguant les indigents et les non indigents. Les conditions d'hygiène, de disposition et d'aménagement des bâtiments exigées, et les justifications à faire pour obtenir l'autorisation, sont à peu près les mêmes qu'en France pour l'autorisation des établissements privés. Les dispositions spéciales concernant l'administration et la direction des établissements, et les registres à tenir soit par le directeur soit par le médecin en chef, ne s'éloignent pas beaucoup de celles du règlement officiel du 20 mars 1857 (art. 3 de la loi; art. 22, 23, 26 à 29 du règl. organique). Les seules différences qu'il soit utile de signaler sont : 1° l'obligation pour les directeurs des établissements de se faire agréer par la députation permanente du conseil de la province, et d'obtenir de cette députation une autorisation spéciale lorsqu'ils veulent se charger de l'entreprise et de l'entretien des aliénés, sauf dans les deux cas le recours au roi, si la députation refuse; 2° l'obligation pour les médecins attachés aux établissements d'être approuvés par la députation, au moment où ces établissements sont ouverts ou lorsqu'ils y entrent, et tous les trois ans d'obtenir de nouveau cette approbation. Comme en France, les autorisations d'ouvrir des établissements d'aliénés peuvent être refusées ou révoquées dans des cas spécifiés par le règlement organique. S'il y a lieu, ils sont fermés après enquête faite et la députation permanente de la province entendue. Les directeurs peuvent être révoqués par les autorités qui les ont autorisés, sauf recours au roi (art. 5 à 10, 12 à 21, 31 à 34 du règl. organ.).

Pour faire admettre un aliéné dans un établissement, il suffit d'une demande « de toute personne intéressée, » visée par le bourguemestre de la commune où se trouvera l'aliéné, et d'un certificat constatant l'état mental, ayant moins de quinze jours de date, délivré par un médecin non attaché à l'établissement. La demande doit contenir les mêmes mentions qu'en France. Le certificat du médecin doit mentionner, autant que possible, l'époque de l'invasion de la maladie, sa nature, sa durée et ses caractères essentiels, et généralement tous les renseignements propres à faire apprécier l'état du malade. A ce certificat doit être joint un bulletin confidentiel mis sous enveloppe cachetée, indiquant la cause connue ou présumée de la maladie, et si les membres de la famille de l'aliéné ont été ou sont atteints d'une maladie mentale. Le tuteur d'un interdit ou son administrateur provisoire sont dispensés du *visa* du bourgmestre et du certificat de médecin. Un aliéné peut encore être admis : 1° sur une demande d'admission de l'autorité locale du domicile de secours d'un aliéné indigent ; 2° en vertu d'un arrêté de collocation pris par l'autorité locale compétente ; 3° en vertu d'un arrêté de la députation permanente du conseil provincial, ou, en cas d'urgence, par un arrêté du gouverneur seul ; mais cet arrêté doit être soumis à la députation permanente lors de sa première réunion. Dans ces différents cas, aux demandes et aux arrêtés il doit être joint un certificat médical. S'il y a urgence, le certificat n'est pas exigé au moment de la réception, mais il doit être délivré dans les vingt-quatre heures (art. 7 et 8 de la loi ; art. 38, 39 du règl. organ.).

Dans les vingt-quatre heures de l'admission d'un aliéné, il en est donné avis au gouverneur de la province, au procureur du roi de l'arrondissement, au juge de paix du canton, au bourgmestre de la commune, au comité permanent d'inspection de l'établissement, au procureur du roi du domicile ou de la résidence habituelle de l'aliéné, qui en informe l'autorité locale, laquelle doit prévenir les parents et les personnes chez lesquelles habitait l'aliéné. Pendant chacun des cinq premiers jours de son admission, l'aliéné est visité par le médecin de l'établissement qui consigne ses observations sur un registre spécial, et, le sixième jour, en transmet une copie au procureur du roi de l'arrondissement. Cette période écoulée, les changements survenus dans l'état mental du malade doivent être consignés sur le même registre au moins tous les mois (art. 10 et 11 de la loi).

Les gouverneurs des provinces sont tenus de faire toutes les diligences nécessaires pour s'assurer si, dans leurs circonscriptions, il se trouve des aliénés dont il y aurait lieu d'effectuer le placement dans l'intérêt de l'ordre et de la sécurité publique, ou dans l'intérêt de leur propre sûreté ou dans celui de leur guérison et de leur bien-être.

Dans ces différents cas le gouverneur provoque un arrêté de collocation de la députation permanente du conseil provincial, ou statue d'urgence. Les aliénés indigents doivent être signalés par les médecins des pauvres aux autorités compétentes. C'est par ces médecins que sont délivrés les certificats exigés (*ibid.*, et art. 35 à 39 du règl.).

Le gouvernement est autorisé à traiter avec les établissements pour le placement des prévenus, accusés, condamnés ou acquittés, qui seraient reconnus atteints d'aliénation mentale. Ils y sont reçus sur la réquisition de l'officier du ministère public attaché à la cour ou au tribunal saisi des poursuites, ou qui a statué. Les aliénés prévenus, accusés ou condamnés doivent être classés à part et ne peuvent être confondus avec les autres malades, à moins d'une autorisation spéciale du ministre de la justice. Les directeurs des établissements sont responsables des évasions (art. 7 et 12 de la loi; art. 40 à 42 du règl.).

S'il y a guérison, le médecin le déclare sur le registre d'entrée; avis en est donné aux personnes qui ont fait le placement et aux autorités auxquelles le placement a été notifié. Après un délai de cinq jours, l'aliéné déclaré guéri est mis en liberté sur l'ordre du bourgmestre qui lui délivre une feuille de route (1). Le mineur et l'interdit ne peuvent être remis qu'à leur tuteur (art. 13 et 14 de la loi).

Avant la guérison, l'aliéné peut être retiré par ceux qui ont fait le placement (2). Le tuteur, le curateur ou l'administrateur provisoire ont seuls le droit de faire sortir le mineur ou l'interdit, sauf l'action du ministère public (*ibid.*, art. 15).

Si avant l'expiration du délai de cinq jours, il est fait opposition à la sortie, il est statué par la députation permanente du conseil de la province; l'aliéné lui-même, s'il n'est pas interdit, ou tout autre personne intéressée, peut, à quelque époque que ce soit, se pourvoir devant le président du tribunal du lieu où est situé l'établissement, qui ordonne, s'il y a lieu, la mise en liberté immédiate, après les vérifications nécessaires. La décision est rendue en chambre du conseil sur requête, le ministère public entendu. Les actes sont visés pour timbre et enregistrés gratis (*ibid.*, art. 16 et 17).

Les aliénés peuvent être traités dans leurs familles, mais ils ne

(1) Si l'aliéné guéri est indigent, la mise en liberté est suspendue jusqu'à ce que la commune de secours ait été prévenue (art. 44 du règl.).

(2) Les déplacements temporaires et le renvoi dans la famille à titre d'essai peuvent être permis par le médecin, même pour les individus placés d'office, en prenant le consentement de l'autorité qui a provoqué la séquestration (art. 45 du règl.).

peuvent pas y être *séquestrés* sans une autorisation spéciale. L'état d'aliénation mentale de tout individu qu'une famille croit nécessaire de séquestrer, soit dans son domicile, soit dans celui de ses parents, doit être constaté par deux médecins désignés l'un par la famille ou les personnes intéressées, l'autre par le juge de paix du canton, qui s'assurera par lui-même de l'état du malade, et renouvellera les visites au moins une fois par trimestre. Indépendamment de ses visites personnelles, le juge de paix doit se faire remettre, tous les trois mois, un certificat du médecin de la famille, aussi longtemps que durera la séquestration; toutes les fois qu'il le juge nécessaire, il peut faire visiter l'aliéné par tel médecin qu'il lui plaît de désigner (art. 25 de la loi).

Les dispositions de la loi belge concernant le payement des dépenses des aliénés indigents ou placés d'office, la gestion des biens des aliénés par des administrateurs provisoires, et les pénalités édictées pour contraventions à la loi, ne diffèrent pas assez des dispositions analogues de la loi française pour qu'il soit utile de les reproduire.

Les aliénés et les établissements qui les renferment, sont visités : 1° au moins une fois tous les six mois par le bourgmestre de la commune; 2° tous les trois mois par le procureur du roi de l'arrondissement; 3° tous les ans, par le gouverneur de la province ou un membre de la députation permanente du conseil provincial délégué par le gouverneur. De plus les établissements d'aliénés sont placés sous la surveillance spéciale de comités permanents d'inspection, organisés dans chaque arrondissement, et d'inspecteurs généraux délégués par le gouvernement (art. 21 de la loi).

Les comités d'arrondissement sont composés de cinq, sept ou neuf membres : le commissaire de l'arrondissement en fait partie de droit; les autres membres sont nommés par arrêté royal. Le comité est renouvelé par moitié, tous les deux ans; les membres sortants peuvent être renommés. Ce comité correspond avec le ministre de la justice par l'intermédiaire du gouvernement de la province. Tous ses membres réunis visitent, au moins une fois par an, tous les établissements d'aliénés de son ressort. Dans l'intervalle des visites annuelles, la surveillance est répartie entre les membres de manière à ce que chaque établissement soit visité au moins une fois tous les deux mois. Leur surveillance porte sur toutes les parties du service et sur l'exécution de la loi et des règlements. Tous les registres doivent leur être représentés, notamment le registre du médecin-chef qui constate le traitement des aliénés et ses résultats. Ils provoquent, s'il y a lieu, la nomination d'administrateurs provisoires, et veillent à ce que les revenus des aliénés soient affectés à améliorer leur position dans les établissements où ils sont colloqués. Ils dirigent particulièrement leur attention sur la situation des aliénés indigents à leur sortie des établissements et après leur guérison, et veillent à leur placement. Ils sont consultés pour les réformes et améliorations à apporter dans les établissements de leur ressort, et adressent au ministre de la justice les avis et les propositions que leur suggèrent leur visite. Chaque année, dans le courant de janvier, ils transmettent au ministre de la justice un rapport sur la situation générale et les divers services des établissements (art. 23 de la loi; art. 60 à 74 du règl. organ.).

Les inspecteurs généraux sont nommés par arrêtés royaux. Ils sont au nombre de trois et, avec un secrétaire rapporteur, ils forment une commission permanente. Ils reçoivent leurs instructions du ministère de la justice. Ils ont la surveillance de tous les établissements d'aliénés du royaume et les rapports des comités d'arrondissement leur sont renvoyés. Chaque année ils adressent au ministre de la justice un rapport qui est imprimé et livré à la publicité, comme les rapports des *commissioners in lunacy* d'Angleterre. Ceux des rapports des comités d'arrondissement qui ont quelque intérêt, y sont joints comme annexes. Ces rapports ont une grande importance; ils montrent les établissements se transformant et s'améliorant sous l'action incessante des commissions de surveillance et d'inspection; ils signalent les abus dans les services et dans les organisations générales, les résultats utiles ou fâcheux de certains modes de traitement, de certaines pratiques. Ils éclairent et rassurent l'opinion publique, qui s'alarme d'autant plus de la séquestration des aliénés qu'il est pris plus de précautions pour la tenir secrète et pour soustraire les établissements à toute investigation.

§ 4. — Organisation et règlement de la colonie de Gheel.

Parmi les établissements d'aliénés de la Belgique, il y en a un, la colonie de Gheel, qui a un caractère particulier et auquel la loi elle-même assigne une place et une organisation à part. Au lieu d'être fondé, comme les autres établissements, sur le principe de la nécessité de l'isolement et de la séquestration, il est une application du système du traitement de l'aliéné dans la société, sans séquestration et dans un état de liberté relative, et un essai de colonisation agricole des aliénés. La colonie de Gheel a été organisée et réglementée 1° par un règlement spécial, rendu en exécution de l'article 6 de la loi du 18 juin 1850; 2° par un règlement d'ordre intérieur du 31 décembre 1852; 3° par deux arrêtés royaux des 2 août 1855 et 9 novembre 1865; 4° par un règlement de la commission permanente du 22 janvier 1863; 5° par un règlement de police du conseil municipal de la commune de Gheel.

L'établissement comprend la commune de Gheel et les hameaux qui en dépendent (1) (art. 13 du règl. spécial). Il peut recevoir 1.000 aliénés (900 indigents et 100 pensionnaires) (arrêté du 9 nov. 1865). Les aliénés indigents sont divisés en deux classes pour la fixation du taux des pensions. Dans la première sont les aliénés malpropres et ceux qui exigent des soins spéciaux; dans la seconde, les aliénés propres et paisibles. Dans ces deux cas, le taux est fixé, chaque année, par journée, par arrêté royal, sur la proposition de la députation permanente. La pension des aliénés non indigents est réglée par des conventions particulières au gré des intéressés; ils peuvent toujours réclamer le bénéfice du tarif fixé pour les indigents, mais en acceptant le régime auquel ces tarifs sont applicables (art. 55 à 57 du règl. spéc.; art. 6 à 9 du règl. de 1852). Le *minimum* des pensions paraît être de 260 francs par an, et elles peuvent s'élever à 3.000 francs et plus (arrêté roy. de 1865).

L'inspection et la surveillance des aliénés sont confiées à une commission supérieure composée : 1° du gouverneur de la province ou de son délégué, président; 2° du procureur du roi près le tribunal de première instance de Turnhout; 3° du commissaire de l'arrondissement de Turnhout; 4° d'un médecin désigné par le gouvernement; 5° du bourgmestre de la commune ou, en cas d'empêchement, de l'un des échevins; 6° du curé doyen de Gheel; 7° de quatre membres nommés par le ministre de la justice, sur une liste double de candidats proposés par la députation permanente du conseil provincial; 8° de quatre membres nommés par le ministre de la justice sur une liste double de candidats proposés par le conseil communal de Gheel. Les administrations des communes ou des hospices ayant au moins 25 aliénés à Gheel, peuvent se faire représenter aux réunions de la commission par un délégué qui a voix délibérative. La commission s'assemble à Gheel au moins une fois tous les six mois, et y fait une inspection générale du service des aliénés dans toutes ses branches et dans tous ses détails. Les attributions qui sont dévolues à cette commission et les devoirs qu'elle a à remplir sont au surplus les mêmes que ceux des comités d'in-

(1) « Gheel et ses hameaux occupent un vaste terrain qui a neuf lieues de circonférence et qui est entièrement séparé du voisinage par des bruyères » (M. Tanon, étude sur la loi de 1838).

spection d'arrondissement chargés de la surveillance des établissements ordinaires (1) (art. 1 à 10 du règl. spécial et arrêté roy. de 1855).

La commission supérieure nomme, chaque année, dans son sein ou en dehors de ses membres, un comité permanent de quatre personnes résidant dans la commune de Gheel ou dans les communes voisines, auxquelles sont adjoints de droit les quatre membres de la commission nommés sur la présentation du conseil municipal de Gheel. Ce comité est chargé de l'exécution des lois, arrêtés et règlements, et des instructions de la commission supérieure. Il fait les placements, reçoit et paye les pensions des aliénés, soigne leurs intérêts et surveille les nourriciers. Tous les mois le comité désigne un de ses membres qui, sous le titre de *visiteur*, est chargé de présider aux placements et déplacements, et d'inspecter les aliénés. Les dates des visites sont inscrites et paraphées par le visiteur sur le livret de l'aliéné, et sur un livre spécial, déposé au siége du comité, destiné à recevoir les observations des visiteurs et des membres du comité. En cas de contestation entre le médecin-inspecteur, le visiteur et le comité permanent, il est statué par le gouverneur, président de la commission supérieure (*ibid.*, art. 10, règl. de 1852 art. 3 et 4; et arrêté de 1855).

Peuvent être placés dans la commune de Gheel les aliénés de toutes les catégories, à l'exception de ceux à l'égard desquels il faut employer avec continuité les moyens de contrainte et de coercition, les aliénés portés au suicide, les homicides et les incendiaires, ceux dont les évasions auraient été fréquentes ou dont les affections seraient de nature à troubler la tranquillité ou à blesser la décence publique (*ibid.*, art. 27). Ces aliénés sont placés chez ceux des habitants qui sont autorisés à les recevoir comme *hôtes* ou comme *nourriciers*. Les nourriciers sont ceux qui reçoivent des aliénés au prix *minimum* de la pension; les hôtes sont ceux qui reçoivent des aliénés payant au moins 25 francs de plus que le *minimum* fixé pour les indigents. Chaque année, la liste des hôtes et des nourriciers est arrêtée par le comité permanent et le médecin-inspecteur, qui les classent en raison des aptitudes et des avantages qu'ils peuvent offrir. Ne sont admis sur les listes que les habitants dont la moralité est bien établie et chez lesquels les aliénés sont assurés de trouver des soins, de la propreté, une nourriture saine et abondante et des locaux suffisants, salubres et aérés préparés pour les recevoir (2).

(1) Voir page 88.

(2) Les articles 19 à 27 du règlement de 1852, précisent minutieusement tous les

Le nombre des aliénés que chaque habitant peut recevoir est déterminé. Il est interdit de placer chez la même personne des aliénés de sexe différent, sauf les exceptions autorisées par le comité permanent. Les administrations et les particuliers ne peuvent placer leurs aliénés que par l'intermédiaire du comité permanent, soit qu'ils lui abandonnent le choix des nourriciers, soit qu'ils préfèrent les désigner eux-mêmes (règl. spéc., art. 28 à 30, et art. 10 à 14 du règl. de 1852).

Chaque aliéné est placé sous la garde spéciale et la surveillance directe du nourricier chez lequel il est mis en pension. Ce nourricier est responsable de tous les dommages et dégâts que l'aliéné peut occasionner. Sauf les cas d'urgence et de force majeure, il ne peut, sans une autorisation spéciale du médecin de sa section, employer les moyens de contrainte qui sont : l'isolement dans le logement; l'emploi des liens, de la ceinture, du caleçon ou de la camisole de force; la translation à l'infirmerie. On lui recommande les bons procédés, les prévenances et les consolations adaptées à l'état du malade. Les nourriciers sont responsables de l'évasion des aliénés qui leur sont confiés, et ils supportent les trois quarts des frais de reprise des évadés, ou même la totalité s'ils sont classés comme *hôtes*. Ils sont aidés dans leur surveillance par des infirmiers-gardes attachés à chaque section et par les agents de la police locale sous la protection desquels ils sont placés dès qu'ils sortent. Les aliénés peuvent, avec l'autorisation des médecins de section, être occupés par leurs nourriciers à des travaux qui ne les exposent pas à des fatigues nuisibles. Ils sont ordinairement employés à des travaux agricoles. L'autorisation, qui est toujours subordonnée à l'approbation du médecin-inspecteur, peut être suspendue ou retirée, s'il en est fait abus. L'autorisation accordée aux hôtes et aux nourriciers de recevoir des aliénés, peut être révoquée par la commission supérieure : s'ils ne se conforment pas aux conditions qui leur sont imposées, et aux instructions et aux ordres de la commission supérieure, du comité permanent ou des médecins, ou s'ils maltraitent les aliénés. Des primes et des récompenses sont accordées à ceux d'entre eux qui se distinguent par leur humanité et les soins qu'ils donnent à leurs pensionnaires (art. 31, 33 à 37, 45; spéc. du régl. art. 18, 28 à 36, 42 à 44 du règl. de 1852; règl. de police du conseil municip.).

La sortie des aliénés est autorisée, en été, depuis six heures du

détails des aliments, du logement, de la literie, et des vêtements qui doivent être fournis par l'hôte ou par le nourricier.

matin jusqu'à huit heures du soir, et en hiver, de huit heures du matin à quatre heures du soir, sauf les exceptions expressément autorisées par le comité permanent. La fréquentation des cabarets leur est interdite; cependant les aliénés tranquilles peuvent y être admis pour y prendre des rafraîchissements, mais il est strictement défendu de leur servir des liqueurs spiritueuses. Tout individu qui maltraite des aliénés dans la commune, qui les enivre, les excite ou les irrite, est puni. Il est interdit aux aliénés d'aller dans les rues ou dans le voisinage des granges avec des pipes non couvertes. Les nourriciers ne doivent pas laisser divaguer dans les rues et sur les places publiques les aliénés dangereux, ceux qui font du bruit ou qui blasphèment, ainsi que ceux qui sont indécents ou d'un exemple dangereux pour la moralité publique. Ils accompagnent à l'église les aliénés et ne peuvent y amener les aliénés furieux, ceux qui troublent le service divin ou ceux à l'égard desquels il faut prendre des mesures de coercition. Le collége des bourgmestres et échevins peut ordonner la réclusion à l'infirmerie ou chez les nourriciers, des aliénés qui troublent la tranquillité publique, et même leur renvoi de la commune (art. 37 à 41 du règl. de 1852; règl. de police du conseil communal).

Sous le rapport du service hygiénique et médical, la commune de Gheel et les hameaux qui en dépendent sont divisés en quatre sections, à chacune desquelles est attaché un médecin. Un médecin-inspecteur, nommé par le ministre de la justice, préside à l'ensemble du service. Il est spécialement chargé du contrôle des visites, de la rédaction des rapports médicaux et du service de l'infirmerie; il délivre les certificats de guérison et constate d'office les guérisons si les médecins de section ont omis de les constater. Les médecins de section doivent, chaque jour, à une heure fixée, se rendre au centre de leur section, chez un nourricier désigné à cet effet, afin de recevoir les noms des malades de la section qui ont besoin d'être visités à domicile. Ils visitent au moins une fois par semaine les aliénés de leur section, et aussi souvent que de besoin ceux d'entre eux qui exigent des soins speciaux ainsi que les malades. Ils doivent se rendre immédiatement auprès des aliénés toutes les fois que les nourriciers réclament leur assistance. Tous les trois mois, ils constatent, sur un livret qui est remis au nourricier à l'entrée de chaque aliéné, l'état physique et moral de cet aliéné; la constatation est précédée d'un examen, dont le résultat doit être transmis au médecin-inspecteur dans un rapport général comprenant tous les aliénés de la section. Ce rapport est communiqué au comité permanent et transmis par le comité à la commission supérieure, avec les observations du médecin-inspecteur, s'il y a lieu. Indépendamment des médecins de sections, les administrations et les personnes qui ont effectué le placement peuvent faire donner des soins à leurs aliénés par tels médecins qu'il leur plaît de désigner; mais ces médecins sont soumis aux mêmes règles de surveillance et à la même responsabilité que les médecins de section. Le médecin-inspecteur visite au moins quatre fois par an toutes les sections. Ces visites sont inscrites, avec leurs dates, sur le livre des visiteurs déposé au siége du comité permanent. Il doit de plus tenir le registre imposé aux médecins-chefs des établissements ordinaires, pour y constater l'historique, les phases et le traitement de la maladie mentale de chaque aliéné, et en transmettre chaque année le résumé à l'administration supérieure par l'intermédiaire de la commission supérieure d'inspection (art. 4 du régl. organ.; art. 13 à 19 du règl. spécial; art. 45, 46 du règl. de 1852) (1).

Il est établi à Gheel, une infirmerie avec deux divisions principales, l'une pour les hommes, l'autre pour les femmes, et il y est annexé un certain nombre de cellules d'observation et de traitement. Cette infirmerie paraît être la clef de voûte du système de traitement suivi à Gheel. Lorsqu'un aliéné est amené dans la commune, avant d'être placé chez le nourricier, il est mis en observation à l'infirmerie et visité par le médecin inspecteur et par le médecin de sa section, afin de constater le genre d'aliénation dont il est atteint. La durée de cette quarantaine est fixée par le médecin inspecteur, et il peut en dispenser toutes les fois que la position particulière ou l'état de santé de l'aliéné paraît l'exiger. Sont aussi admis à l'infirmerie : les aliénés atteints d'une maladie ou d'accidents, qui exigent des soins spéciaux ou des secours immédiats; les aliénés qui sont accidentellement dans des dispositions de nature à compromettre soit leur sureté personnelle, soit celle des habitants de la commune, ou à troubler la tranquillité, ou à blesser la morale publique; ceux dont l'isolement ou la séquestration provisoire est jugée nécessaire, comme mesure sanitaire ou disciplinaire. Les admissions sont prescrites ou autorisées par le médecin inspecteur, sur la proposition ou l'avis motivé du médecin de section;

(1) Les traitements du médecin inspecteur et des médecins de section sont fixés par le ministre de la justice, sur la proposition de la commission supérieure. Pour couvrir cette dépense et les frais du placement et de la surveillance des aliénés, il est constitué un fonds commun à l'aide d'une rétribution annuelle de 12 fr. par aliéné indigent et, pour les pensionnaires : de 20 fr. par pension de 260 à 500 fr.; de 30 fr. par pension de 501 à 1000, etc. La progression qui est de 10 fr. par 500 fr. de pension, s'arrête à 70 fr. pour une pension de 3001 fr. et plus.

elles peuvent être aussi ordonnées d'office par le bourgmestre de la commune, dans toutes les circonstances qui intéressent l'ordre public. Mais, dans tous les cas, le séjour des aliénés dans l'infirmerie ne peut être que temporaire. La direction de l'infirmerie pour tout ce qui regarde le service médical hygiénique et disciplinaire, appartient exclusivement au médecin inspecteur, il tient un livre-journal sur lequel chaque aliéné admis est inscrit avec les particularités de sa maladie, le nombre de jours passé à l'infirmerie et le traitement auquel il a été soumis. Le contrôle et la surveillance sont exercés par le comité permanent, qui délègue un ou plusieurs de ses membres pour l'inspecter au moins une fois par mois, dans tous ses détails. Les détails du service et les attributions des employés sont déterminés par deux réglements spéciaux. (Art. 20 et 39 du réglement spécial; art. 47 du réglement de 1852; art. 1 et 2 et suivant du réglement de l'infirmerie du 30 janvier 1862; réglement spéc. du 17 octobre 1862.)

Les aliénés sortent de la colonie de Gheel, lorsqu'ils sont guéris ou réclamés par les personnes qui les y ont placés, dans les mêmes circonstances et dans les mêmes conditions que les aliénés sortant des établissements ordinaires (1). De plus, le médecin inspecteur, sur l'avis des médecins de section et des médecins particuliers, provoque le renvoi des individus dont l'aliénation présente les caractères qui, aux termes du réglement, doivent motiver leur exclusion (2). Sur le certificat du médecin inspecteur, le comité permanent avertit les administrations ou les personnes qui ont opéré le placement et fixe un délai pour reprendre les aliénés. Ce délai expiré, le comité permanent prend les mesures nécessaires pour le renvoi de ces aliénés au lieu de leur domicile, aux frais de qui de droit. (Art. 40 et 41 du règlement spécial.)

§ 5. — Loi de l'Écosse.

Les lois anglaises que j'ai analysées précédemment, ne sont en vigueur que dans l'Angleterre proprement dite et le pays de Galles, l'Écosse est régie par des statuts spéciaux votés en 1857 (20, 21 Vict., cap. 71), 1858 (21, 22 Vict. cap. 89), 1862 (25, 26 Vict. cap. 54), 1866 (29, 30 Vict. cap. 51). Ces statuts diffèrent de la législation anglaise, en certains points, notamment en ce qui concerne les placements et les sorties. Je les analyse sans m'occuper des dispositions abrogées et des causes qui les ont fait abroger.

(1) Voir page 87.
(2) Voir page 91.

En Écosse, tous les pouvoirs utiles pour la protection des aliénés sont attribués à une commission spéciale, qui prend le titre de *general board of commissioners in lunacy for Scotland.* Cette commission se compose d'un président, non rétribué, de deux membres recevant £ 1,200 (30,000 fr.) par an, et de trois membres non rétribués, nommés à temps. Les nominations sont faites par la Reine. Il n'est exigé, pour être membre de la commission, aucune condition spéciale ou professionnelle ; mais le secrétaire d'État peut adjoindre à la commission, comme *deputy commissioners*, deux médecins qui reçoivent £ 500 (12,500 fr.) par an, et qui exercent comme s'ils étaient membres titulaires, ceux des pouvoirs ou celles des fonctions qui leur sont délégués par la commission (20, 21 Vict., cap. 71, ss. 4, 21).

Les *commissioners* et les *deputies* médecins prêtent le même serment que les *commissioners* anglais, et sont comme eux astreints au secret relativement aux faits dont ils ont connaissance par suite de leurs fonctions. Ils ne peuvent exercer aucune autre profession, et ne sont responsables de leurs actes que s'ils n'ont pas agi *bonâ fide* (*ibid.* ss. 7, 8).

La commission a son siège officiel à Édimbourg, pour l'expédition des affaires. Elle est assistée d'un secrétaire nommé par la Reine, dont le traitement est de £ 500 (12,500 fr.), et d'un clerc. Elle doit tenir, tous les six mois, une assemblée générale à Édimbourg; dans l'intervalle elle se réunit, où et quand il lui plaît, pour traiter des affaires spéciales ou des questions imprévues (*pro re natâ*). Elle ne peut délibérer s'il n'y a pas au moins trois membres présents; en cas de partage le président a voix prépondérante. Elle peut nommer des sous-commissions de deux membres au moins, soit pour l'exécution de la loi, soit dans le but qu'il lui plaît de fixer (*ibid.*, ss. 6, 13, 15). Le *lord advocate* d'Écosse, exerce une haute surveillance sur la commission. Il peut à toute époque prendre connaissance des documents et registres déposés à l'office des *commissioners* (1), et se faire rendre compte de toutes les particularités de leurs fonctions et de l'exécution de leurs devoirs (*ibid.*, s. 100).

La loi attribue à la commission « la surintendance, l'adminis-

(1) Les établissements sont tenus d'envoyer à la commission des copies de tous les registres et documents concernant les aliénés, et il est tenu à l'*office* un registre où sont résumés tous les renseignements que ces registres et documents contiennent. On ne peut prendre communication des documents et des registres qu'avec une autorisation spéciale de la commission, sous peine d'une amende de 50 fr. (*ibid.* art. 96 à 98).

tration la direction, la réglementation (1) de toutes les matières qui rentrent dans les dispositions des lois relatives aux aliénés, aux asiles publics ou privés, aux asiles de district, ou à toute habitation dans laquelle un aliéné est gardé ou détenu sur un ordre du shériff ou sur l'ordre de la commission elle-même. » C'est par elle que sont accordées ou retirées les *licences* aux asiles privés (2), et les autorisations aux *poor-houses* de recevoir des aliénés. Elle a le droit de faire des enquêtes, et avec le concours du *lord advocate* ou du *solicitor general*, d'entendre des témoins sous serment (3) (*ibid.* ss. 9, 11; 29, 30 Vict. cap. 51 s. 18).

Les deux *commissioners* appointés (*paid*) doivent inspecter, au moins deux fois par an, tous les asiles publics ou privés, toute maison et tous les lieux où des aliénés sont détenus. Dans ces inspections leurs pouvoirs et leurs obligations sont les mêmes que ceux des *commissioners* anglais en visite. Ils sont de plus autorisés à visiter tous les établissements, même les prisons et les *poor-houses* où sont des aliénés, toutes les fois qu'ils le jugent utile, à toute heure et même la nuit. Dans leurs inspections et dans leurs visites, ils peuvent se faire accompagner par des médecins (20, 21 Vict. cap. 71, ss. 17 à 20).

Les shérifs ont aussi le droit de visiter, seuls ou assistés de médecins, tous les aliénés détenus dans leur juridiction, et de faire des enquêtes. Dans chaque comté, les asiles publics ou privés et les asiles de district, sont de plus visités par une commission de trois juges de paix désignés dans les *quarter sessions* chaque année (*ibid.*, ss. 25, 26).

Toutes les visites faites sont constatées par les inspecteurs ou visiteurs sur un registre spécial, tenu dans tous les lieux où un aliéné est détenu. Ils doivent y consigner leurs observations, dont copie doit être envoyée dans les huit jours à l'office du *general board*. Les *commissioners* doivent en outre faire au *general board* un rapport sur leurs inspections (*ibid.*, s. 17).

Aucun asile public ou privé, aucune maison ne peut recevoir ou détenir un aliéné plus de trois jours sans un ordre écrit, signé par le

(1) Leurs règlements, avant d'être mis à exécution, doivent être approuvés par un des secrétaires d'État, et soumis aux deux chambres du parlement dans la session la plus rapprochée.

(2) Outre les *licences* accordées aux asiles privés comme en Angleterre, il peut être accordé des *licences* spéciales gratuites, aux personnes qui traitent chez elles de un à quatre aliénés au plus (21-22 Vict. cap. 89, s. 5).

(3) Les témoins cités qui ne comparaissent pas sont condamnés à l'amende par les juges de paix.

shérif du comté. Cet ordre doit avoir été délivré depuis moins de quinze jours. Il est accordé sur une demande adressée au shérif dans les mêmes conditions et avec les mêmes documents que les demandes adressées aux chefs des établissements publics ou privés en Angleterre (1); seulement la loi, en ce qui concerne les certificats à délivrer par deux médecins, est encore plus précise. Après avoir rappelé que chaque certificat doit spécifier les faits sur lesquels chaque médecin a formé son opinion sur l'aliénation mentale, en distinguant les faits qu'il a lui-même observés et ceux qui lui ont été rapportés par d'autres, le législateur a ajouté qu'aucune personne ne pourrait être admise sur un certificat fondé uniquement sur des faits rapportés au médecin par d'autres personnes. La peine contre les médecins, qui délivreraient des certificats sans avoir vu et examiné la personne est de £ 50 (12 fr. 50 c.) d'amende, et contre ceux qui attesteraient des faits faux, de £ 300 (7,500 fr.) d'amende ou d'un an de prison au *maximum* (*ibid.*, ss. 34, 35, 38; 25, 26 Vict. cap. 54, s. 14).

L'ordre du shérif n'est valable que pour *trois* années. S'il n'est pas renouvelé au 1er janvier de l'année qui suit l'expiration des trois ans, l'aliéné doit être mis en liberté; à moins que le directeur de l'asile, ou la personne chez laquelle est l'aliéné, ne certifie et n'affirme par écrit que la détention est nécessaire dans l'intérêt de l'aliéné ou de la sécurité publique. Après l'expiration des trois ans, les ordres nouveaux délivrés par le shérif ne sont valables que pour un an, et s'il y a lieu, doivent être renouvelés d'année en année (29, 30 Vict. cap. 51, s. 7).

Pour recevoir en pension un aliéné *seul*, il faut un ordre du shérif ou la sanction des *commissioners* (2). L'aliéné doit être visité par un médecin au moins une fois par semaine; et la loi impose à celui qui reçoit l'aliéné et au médecin qui le visite les mêmes obligations que la loi Anglaise (3) (*ibid.*, s. 13 qui abroge la section 41 du statut de 1867).

Les personnes qui désirent entrer en traitement dans un asile comme pensionnaires, doivent obtenir une autorisation écrite d'un des *commissioners*. Cette autorisation n'est donnée que sur une demande écrite signée par le malade. L'aliéné pensionnaire doit

(1) Voir page 20.

(2) Cette prescription ne s'applique pas aux personnes chez lesquelles l'aliéné a été envoyé temporairement à titre d'essai par le médecin, et lorsque la résidence ne dure pas plus de six mois. L'envoi temporaire doit être prouvé par un certificat.

(3) Voir page 21.

être représenté aux *commissioners* toutes les fois qu'ils visitent l'asile; il ne peut être retenu plus de trois jours après qu'il a manifesté le désir de sortir, à moins qu'il ne soit rapporté des certificats constatant qu'il est atteint d'aliénation mentale et un ordre du shérif (*ibid.* s. 15).

Les *commissioners* peuvent ordonner l'admission des *pauper lunatics* dans les *poor-houses licensed*, comme le shérif lui-même (25, 26 Vict. cap. 54, s. 4). Ils peuvent aussi ordonner l'envoi dans un asile, des aliénés traités dans des maisons particulières avec l'autorisation du shérif, si le traitement ne leur paraît pas convenable (20, 21, Vict. cap. 71, s. 42).

Lorsqu'une personne, parente ou non parente, garde ou retient dans une maison particulière un aliéné, sans en tirer un profit, il n'est pas nécessaire qu'elle obtienne l'ordre du shérif ou l'autorisation des *commissioners*. Mais si cet état dure plus d'une année et que la maladie soit telle qu'il faille obliger le malade à rester renfermé dans la maison, ou lui imposer une contrainte ou une coercition quelconque, les *commissioners* doivent être prévenus, et connaître les motifs qui font désirer que le malade continue a être traité dans une maison privée. Si après l'année expirée les moyens de contrainte continuent à être employés ou si, à toute époque, il y a des motifs de croire que le malade a été soumis à un traitement dur et cruel, le *general board*, avec le consentement d'un des secrétaires d'État ou du *lord advocate for Scotland*, peut déléguer deux au moins de ses membres pour visiter le malade et faire une enquête. S'il en résulte que le malade est aliéné; que la preuve de la contrainte employée ou des mauvais traitements soit acquise, et qu'il paraisse nécessaire d'envoyer le malade dans un établissement d'aliénés, le *general board* prévient le shérif qui, après enquête et si les faits lui paraissent prouvés, envoie l'aliéné dans un asile (29, 30 Vict. cap. 51, s. 14) (1).

Les aliénés dangereux qui compromettent la sécurité ou la décence publique (2) peuvent être arrêtés et renfermés en lieu sûr, par ordre du shérif, sur la demande du procureur fiscal, de l'inspecteur des pauvres ou de toute autre personne. S'ils n'ont pas de

(1) Cet article restreint singulièrement en Écosse le droit que les *commissioners* ont en Angleterre de surveiller le traitement des aliénés dans leur domicile ou chez leur parents, et de les envoyer dans un établissement public ou privé. La loi de 1857 entourait leur intervention de moins de précautions; mais elle a été abrogée par la loi de 1866, ici reproduite.

(2) La loi Écossaise n'admet comme dangereux que les aliénés « qui ont été « arrêtés sous l'accusation d'attaques ou d'autres délits envers les personnes, ou « qui ont été trouvés dans un état qui peut faire craindre un danger pour les per- « sonnes, ou dans un état qui offense la décence publique. »

domicile, ou s'ils ne sont pas réclamés dans les vingt-quatre heures par leur paroisse ou par des personnes qui donnent caution et se chargent de les garder, le shérif, après enquête, les envoie dans un asile (26, 26, Vict. cap. 54, 3, 15). Les détenus accusés, condamnés ou acquittés, dont l'aliénation a été constatée par les cours de justice, ou sur enquête du shérif, assisté de deux médecins, lorsque l'aliénation se déclare pendant qu'ils subissent leur peine, sont renfermés dans les mêmes conditions qu'en Angleterre dans une prison spéciale (1), quelle que soit la durée de leur peine. A l'expiration de cette peine, s'ils ne sont pas guéris, sur l'attestation de deux médecins au moins, ils sont ou envoyés dans un asile, ou, suivant la nature de leur folie, conservés dans la prison spéciale (*Ibid.*, ss. 19 à 23; 20, 21, Vict. cap. 71, ss. 87 à 89).

Les parents et les amis des aliénés, les ministres du culte, les membres des commissions des paroisses qui payent leur pension, peuvent les visiter sans autorisation spéciale, en se conformant aux conditions et aux règles imposées par le directeur et le médecin de l'asile avec la sanction du *general board*. Si dans certains cas particuliers le directeur et le médecin croient devoir refuser de laisser communiquer avec l'aliéné, le refus doit être constaté sur un registre avec ses motifs, et s'il y a plainte, le *general board* statue; avec la permission écrite du *general board*, l'entrée ne peut en aucun cas être refusée aux parents et aux amis du malade, et aux médecins ou aux autres personnes dont ils désirent l'admission (20, 21, Vict. cap. 71, ss. 87, 88), toute réclamation écrite, toute lettre adressée par un aliéné séquestré au *general board* ou à son secrétaire, ou aux *commissioners* et au shérif, doit être transmise sans être ouverte. Les réponses doivent aussi être remises aux aliénés sans être ouvertes, toutes les fois que l'adresse porte la mention «*private*» (29, 30, Vict. c. 71, s. 16).

Lorsque l'aliéné est guéri, ou si le directeur est d'avis qu'il est suffisamment rétabli pour être mis en liberté sans danger pour lui ou pour les autres, un certificat du directeur ou du médecin de l'établissement constatant ce fait, est transmis aux personnes à la requête desquelles l'aliéné est séquestré, et si dans les quinze jours qui suivent il n'est pas retiré, le *general board* le fait mettre en liberté (25, 26, Vict. cap. 54, s. 17, 18).

Tout aliéné non détenu par ordre d'une cour de justice doit être mis en liberté sur la demande de *toute personne* qui produit les certificats de deux médecins dont le choix a été approuvé par le shérif,

(1) La prison générale de Perth.

constatant la guérison ou que l'aliéné peut être mis en liberté sans danger (*risk of injury*) pour lui ou pour les autres. L'ordre de mise en liberté est donné par le shériff. Le *general board* a également le droit d'ordonner la sortie, sur la présentation des certificats de deux médecins qu'il juge capables de constater l'état de santé ou le rétablissement de la personne séquestrée ; huit jours avant la sortie, il doit en être donné avis à la personne à la requête de laquelle l'aliéné a été séquestré, ou au parent le plus proche de l'aliéné (1) (20, 21, Vict. cap. 71, ss. 92, 93).

Les *parochial boards* peuvent, par une délibération régulière, ordonner que tout aliéné, dont leurs paroisses payent la pension et qui n'est pas séquestré comme dangereux, sera mis en liberté. Toutefois, sur l'avis des directeurs que l'aliéné peut être dangereux, le *general board* peut, après enquête, s'opposer à l'élargissement. Après la sortie, le *general board* conserve le droit d'ordonner la réintégration de tout aliéné dont la sortie a été ordonnée par les *parochial boards* (29, 30, Vict. cap. 51, ss. 9, 10).

Tout aliéné, même non guéri, doit être libéré lorsque la personne qui a fait le placement le désire. Si le directeur est d'avis que la mise en liberté présente quelque danger, il doit en donner avis au procureur fiscal. Si le procureur fiscal le juge convenable, il peut, en suivant la procédure prescrite pour les aliénés dangereux, maintenir la séquestration (*Ibid.* s. 12).

Les aliénés séquestrés comme dangereux ne peuvent être libérés qu'avec l'autorisation du shérif, donnée sur la présentation de certificats de deux médecins dont le choix a été approuvé par le procureur fiscal, lesquels doivent constater que la mise en liberté peut être ordonnée sans danger (*Ibid.* s. 19).

Sur la demande des personnes qui ont fait séquestrer l'aliéné, ou, à leur défaut, sur celle de son plus proche parent connu, ou pour les *pauper lunatics* sur la demande des inspecteurs des pauvres, le *general board* peut, sans le concours du shérif, ordonner des sorties pour essai : s'il n'y a pas de rechute, la sortie devient définitive; s'il devient nécessaire de réintégrer l'aliéné, il peut l'être sans un nouvel ordre du shérif, mais en remplissant toutes les autres formalités (25, 26, Vict. cap. 54, s. 16).

(1) Ce droit donné à toute personne, quelle qu'elle soit, de faire mettre un aliéné en liberté après avoir fait constater son état par des médecins étrangers à l'établissement, et sans le concours où même contre la volonté des personnes qui l'ont fait séquestrer, est tout nouveau dans la législation sur les aliénés. Il est d'autant plus remarquable que la liberté doit être accordée non-seulement en cas de guérison, mais *dès qu'elle ne présente aucun danger.*

Tout *pauper lunatic* mis en liberté pour essai, reste soumis à l'inspection des *commissioners*. Il doit être maintenu sur la liste des pauvres de la paroisse et recevoir ce qui lui est nécessaire pour satisfaire aux conditions d'essai, jusqu'à ce que le terme fixé pour l'essai soit expiré, à moins d'une décision contraire du *general board* (29, 30, Vict. cap. 51, s. 8). L'obligation pour les paroisses de maintenir l'aliéné libéré sur la liste des pauvres, leur est aussi imposée quand l'aliéné a été mis en liberté par ordre des *parochial boards*, et même dans ce cas, il doit être donné connaissance au *general board* du montant et de la nature des secours accordés à l'aliéné (*Ibid.* s. 10), ces mesures ont évidemment pour mobile la crainte que, par économie, les communes ne donnent pas aux aliénés tous les soins qui leur sont dus.

La gestion des biens des aliénés séquestrés ou confiés à des tiers (*taken charge*) est activement surveillée, toutes les fois que le *general board* ou l'*accountant* des *courts of session*, ont des motifs de croire que ces biens ne sont pas suffisamment protégés, ou que les revenus des aliénés ne sont pas convenablement employés à leur entretien, ils en donnent avis au *lord advocate*. Sur cet avis, ou même d'office toutes les fois qu'il le juge nécessaire, le *lord advocate* peut requérir une enquête et poursuivre la nomination d'un *judicial factor*, s'il n'en a pas été nommé un; ou faire ordonner toutes les mesures convenables, si le *judicial factor* antérieurement nommé, ne remplit pas ses devoirs. Le *general board* a aussi le droit de se faire remettre par l'*accountant* des *courts of session* les noms de tous les aliénés ayant des *judicial factors*, ainsi qu'un état de leurs biens (*funds*) et des sommes allouées pour leur entretien, et de faire toutes recherches pour s'assurer comment ces aliénés sont traités et soignés. Si le traitement et les soins ne lui paraissent pas suffisants, il présente une demande sommaire à la *court of session* ou au *lord ordinary*, quand la Cour n'est pas réunie, et la Cour ou le *lord ordinary* peuvent ordonner une enquête et prescrire tous les actes nécessaires pour améliorer la situation des aliénés (20, 21 Vict., cap. 71, § 81 à 84; 29, 30 Vict. cap. 51, s. 17).

Tous les ans, avant le 1er février, le *general board* doit adresser au secrétaire d'État, un rapport sur l'administration et les conditions de tous asiles publics, privés ou de district (1), et de toutes

(1) Les asiles indiqués comme *asiles publics* dans cette loi sont les asiles qui existaient avant qu'elle fût promulguée, qui ont été construits par la bienfaisance et qui sont sous la direction de commissions élues en partie par ceux qui ont contribué à leur érection. Ils répondent à peu près aux *registered hospitals* anglais. Les *asiles de district* sont ceux qui ont été construits aux frais des comtés ou union de

les maisons dans lesquelles des aliénés sont gardés ou détenus. Ce rapport est publié comme les rapports des *commissioners* anglais. Tous les ans aussi le secrétaire du *general board*, transmet aux commissaires de la trésorerie, pour le soumettre au Parlement, un rapport détaillé indiquant pour l'année écoulée le nombre des autorisations de séquestration données, les asiles ou les lieux où les aliénés ont été séquestrés, et le mouvement et le nombre des aliénés dans les asiles, en les divisant en trois classes : guéris, soulagés (*relieved*), insensibles au traitement (*unaffected by treatment*).

§ 6.— Législation sur les aliénés en Prusse, en Autriche, dans le Wurtemberg, dans le grand-duché de Bade, dans les cantons de Neufchatel et de Vaud, en Suède, en Norwège, aux États-Unis.

Les législations dont il me reste à parler, ne présentent plus un ensemble complet de dispositions ayant pour objet de déterminer les conditions de la séquestration et du traitement des aliénés. Elles se bornent le plus souvent à la loi civile concernant les interdictions et à quelques règlements sommaires sur le mode d'admission dans les maisons d'aliénés. Dans le grand-duché de Bade seul on trouve un règlement qui mérite d'attirer l'attention, quoi qu'il ne s'applique qu'à un seul établissement.

Prusse.

En Prusse, il existe des établissements publics et des établissements privés. Les établissements publics sont exclusivement destinés aux placements d'office; et les établissements privés, aux placements volontaires (1). Une instruction du gouvernement, ayant force de loi, datée de 1803, porte (art. 5) : qu'on ne peut admettre dans un établissement d'aliénés que les interdits. Si pour obtenir le jugement d'interdiction il faut un délai et qu'il y ait urgence, ou lorsque l'aliéné est indigent, le tribunal peut ordonner que l'aliéné sera reçu provisoirement sur le certificat d'un médecin. L'interdiction est prononcée par les tribunaux après un examen médical et au besoin une enquête constatant que le patient est atteint d'imbécillité, de démence ou de fureur. Il est donné un tuteur à l'aliéné; aux termes du Code général de Prusse (partie II, tit. 18, art. 341 à 348), ce tuteur doit, sous l'inspection des parents que la loi oblige

comtés. Il existe aussi des asiles construits aux frais des paroisses pour y placer leurs aliénés indigents, *parochial asylums*. La loi s'applique sans distinction à tous ces asiles.

(1) Mémoire au congrès aliéniste international, par le docteur Lunier; 1868.

à subvenir à l'entretien de la personne interdite, surveiller les furieux et les insensés d'une manière constante et de telle sorte qu'ils ne puissent nuire. La loi ajoute cependant qu'on ne peut contraindre ni le tuteur, ni un parent, ni un particulier quelconque à se charger de cette surveillance. Si le tuteur et les parents ne trouvent pas d'autres moyens de pourvoir aux soins qu'exigent les aliénés, l'État les reçoit dans un établissement public.

Autriche.

En Autriche, la condition des aliénés dans les établissements qui leur sont destinés, est réglée par des lois ou « décrets de la Cour » des 24 août 1820, 21 juillet 1825 et 6 août 1835. Les établissements publics sont fondés par les provinces et restent leur propriété. Les établissements privés ne sont permis que depuis 1813. Aux termes du décret de 1825, pour ouvrir un établissement privé, il faut obtenir une autorisation qui n'est accordée qu'à des médecins autrichiens, dont la moralité et l'habileté sont établies. Ils doivent donner une caution. Tous les établissements sont placés sous la surveillance des gouverneurs de provinces. La loi de 1835 exige qu'avant de recevoir un aliéné dans un établissement il soit produit : 1° un certificat d'un docteur en médecine, attestant l'état d'aliénation mentale; 2° un exposé spécifiant les phases de la maladie depuis son commencement jusqu'au jour du placement; 3° une obligation de payer les frais, ou un certificat d'indigence, approuvés par le maire et par le curé. Chaque séquestration est dénoncée au gouverneur et au lieutenant de la province, ainsi qu'au tribunal du domicile de l'aliéné. S'il y a lieu, le tribunal nomme un administrateur pour gérer les biens (1).

L'interdiction des aliénés est prononcée, et un tuteur leur est donné dans les mêmes circonstances et avec les mêmes précautions que dans toutes les législations. La seule disposition utile à noter est celle qui oblige le tuteur à rendre, *chaque année*, à un tribunal spécial, le tribunal *pupillaire*, un compte de sa gestion précisant les recettes, les dépenses et l'augmentation ou la diminution du capital (Code autrichien, art. 329).

Wurtemberg.

Dans le Wurtemberg, les garanties contre les dangers des séques-

(1) Ces renseignements ont été donnés à la société de droit comparé par M. le docteur Alfred Stern, avocat à Vienne.

trations arbitraires reposent principalement sur l'organisation spéciale du corps médical dans ce royaume.

Au sommet de la hiérarchie est placé le *medecinal collegium*, véritable haute cour médicale dont les membres sont nommés à vie. Il est composé de : quatre médecins conseillers, quatre médecins assesseurs, du médecin professeur à l'école vétérinaire, de quatre médecins placés à la tête des hôpitaux, d'un médecin chargé de la vaccine et d'un secrétaire. Il est présidé par un conseiller d'État non médecin.

Auprès du conseil qui administre chaque cercle ou province, est placé comme conseiller pour toutes les affaires médicales, un médecin qui touche un traitement. Les provinces sont divisées en bailliages; à chacun d'eux il est aussi attaché un médecin spécial. Tous ces médecins sont sous la direction du *medicinal collegium* qui correspond avec eux.

Toutes les questions relatives aux aliénés sont soumises au *medicinal collegium*, il est chargé de la haute surveillance des établissements d'aliénés. Il exerce cette surveillance par le moyen d'une commission d'inspection composée de trois médecins pris parmi ses membres, auxquels, pour contre-balancer l'influence de l'élément médical et augmenter les garanties d'impartialité, on a adjoint trois autres membres non médecins : le bourgmestre, un conseiller d'État et un contrôleur (*ober revisor*). Cette commission est présidée par le conseiller d'État, directeur du *medicical collegium*.

La surveillance de la commission s'étend sur tous les établissements d'aliénés publics ou privés. Elle est obligée de les visiter une ou deux fois tous les ans. Les médecins qui les dirigent ne peuvent être nommés qu'avec son autorisation. Avant d'entrer en fonctions, ils prêtent serment. Ils sont obligés de tenir un journal sur chaque malade et d'adresser à la commission un rapport trimestriel sur tous les aliénés traités.

Toute demande d'admission dans un établissement d'aliénés est soumise au contrôle de la commission et doit lui être adressée avec les pièces à l'appui. Ces pièces sont quatre certificats délivrés : l'un par le médecin du cercle ou du bailliage, constatant la folie et donnant une description détaillée de la maladie; le second par l'autorité civile du lieu, confirmant la vérité des attestations précédentes et homologué par le tribunal; le troisième par les parents, témoignant de leur consentement et garantissant le payement des dépenses; le quatrième, par le directeur de la maison d'aliénés où doit être fait le placement.

C'est après l'examen de toutes ces pièces et, s'il est nécessaire, après avoir procédé elle-même à une visite médicale du malade, que la commission de surveillance délivre le bon d'admission qui lui est demandé.

Toute contravention à ces dispositions par les directeurs d'établissements peut être punie d'un retrait d'emploi par la commission ou même, s'il y a lieu, donner lieu a des poursuites devant les tribunaux criminels.

Dès qu'un cas de folie est signalé, l'autorité du lieu est obligée d'avertir le commissaire de police du district. Le commissaire doit s'entendre avec le médecin du bailliage et de concert avec lui examiner le malade, prendre les précautions que nécessite son état et le faire transférer, s'il y a lieu, dans un établissement. Si la folie est dangereuse, les mesures nécessaires pour surveiller et garder l'aliéné doivent être immédiatement prises et la translation doit être faite dans un court délai. L'aliéné est transféré dans des voitures particulières; il doit être accompagné dans le trajet par le médecin du bailliage et convenablement traité. Tout moyen de contrainte violent est interdit si le médecin ne l'a autorisé par écrit. Même en cas de nécessité absolue, l'emploi de la camisole de force est seul permis (1).

Grand-duché de Bade.

Le grand-duché de Bade n'a pas d'établissements privés; mais, en 1866, il y a été fondé, à Illenau, un établissement public qui a pris une grande importance. Cet établissement est régi par un simple statut, dont voici les principales dispositions.

L'établissement d'Illenau reçoit les aliénés curables ou incurables, lorsqu'ils payent pension. Les autres aliénés ne sont reçus que s'ils paraissent pouvoir être guéris ou s'ils sont reconnus dangereux. Les idiots, les épileptiques, et les personnes atteintes d'autres maladies particulières déterminées par le statut, ne sont pas admises.

Les pièces à produire pour les placements volontaires sont: 1° une demande écrite d'un parent ou d'un tuteur, adressée à l'administration municipale du domicile du malade, ou un procès-verbal de cette administration constatant la demande; 2° un certificat du conseil municipal et de l'ecclésiastique de la commune indiquant les noms, l'âge, la profession du malade, sa nationalité, sa fortune, la religion à laquelle il appartient, et exprimant l'opinion des cer-

(1) Ces détails sont empruntés à un article du *Journal officiel* du 26 mars 1870, qui paraît être extrait d'une correspondance de Stuttgart.

tifiants sur l'existence de l'état d'aliénation mentale; 3° le certificat d'un médecin. Le statut énumère toutes les mentions que doit contenir ce certificat, outre l'attestation de la folie; elles sont nombreuses. Elles embrassent la vie entière de l'aliéné et l'histoire complète de sa maladie. Il doit faire connaître les incidents que la mère de l'aliéné a pu éprouver pendant sa grossesse; les maladies diverses dont l'aliéné a été atteint depuis sa naissance; quels ont été son éducation, la direction habituelle de son esprit, les particularités de son caractère, le régime qu'il suivait ordinairement; comment l'aliénation s'est développée depuis son origine jusqu'à la date du certificat; à quelles causes elle peut être attribuée etc. etc.; 4° un certificat du médecin officiel de la commune constatant s'il reconnaît l'existence de l'aliénation mentale; si la guérison lui paraît possible; si la séquestration lui semble nécessaire; si, la maladie devant être considérée comme incurable, il croit que l'aliéné est dangereux pour les autres. La demande et les autres pièces sont transmises à la direction de l'établissement par l'administration locale, qui donne son avis sur l'opportunité de l'admission.

Avant qu'un aliéné puisse être placé d'office comme dangereux, une enquête doit être faite par l'administration de l'arrondissement auquel il appartient. Les autorités de son domicile sont entendues pour constater s'il peut être soigné autrement qu'en l'enfermant dans l'établissement d'Illenau. Ces certificats de médecins mentionnés précédemment, sont exigés comme dans le cas de placement volontaire et ils doivent être remis, avec les résultats de l'enquête et l'ordre de placement, à la direction de l'établissement.

Dans les cas de placement volontaire ou de placement d'office, le conseil supérieur d'administration de l'établissement d'Illenau conserve le droit de refuser l'admission, même après l'accomplissement de toutes les formalités.

Le mode de sortie diffère des modes adoptés par les autres législations. Le statut érige en règle générale les sorties à titre d'essai autorisées par la loi écossaise.

Tout aliéné guéri ou dont la situation est suffisamment améliorée, ou tout aliéné renfermé comme dangereux reconnu ou devenu inoffensif, doit sortir provisoirement à titre d'essai. Le directeur est déclaré responsable s'il garde un aliéné plus longtemps que cela n'est nécessaire. Les parents ou la commune, dès que la direction les a prévenus que les aliénés peuvent être retirés, doivent les reprendre. Au moment de la sortie, la direction prescrit le traitement que l'aliéné libéré provisoirement devra suivre. Il en est donné avis au bourguemestre et à l'ecclésiastique de la commune de la résidence de l'aliéné, ainsi qu'à la société de secours pour les aliénés, s'il en existe une, et ils doivent veiller à ce que ce traitement soit suivi. Les parents de l'aliéné, ou la personne chez laquelle il est placé, doivent adresser à la direction un rapport sur sa situation après l'expiration des quatre premières semaines, et ensuite de trois mois en trois mois, en y joignant un certificat du médecin de la commune, si la direction a cru devoir l'exiger. Après quatre rapports, s'il y a lieu, il est donné au patient un congé définitif, ou l'essai peut-être prorogé pour un an. S'il devient nécessaire de réintégrer l'aliéné libéré, il doit être procédé comme pour la première admission.

Lorsque les parents qui ont placé les aliénés veulent les retirer avant leur guérison, ils doivent s'adresser au conseil d'arrondissement du domicile de l'aliéné, et c'est par son intermédiaire et son action que l'aliéné leur est rendu, s'il y a lieu.

L'établissement d'Illenau est visité et inspecté au moins une fois tous les ans, par un commissaire délégué par le ministre de l'intérieur et par un membre du conseil supérieur de médecine.

L'ordonnance d'Illenau ne contient aucune disposition concernant l'administration des biens des aliénés. Le Code civil ne prévoit que la tutelle des aliénés interdits. L'interdiction est prononcée par l'administration. Les plus proches parents, le juge de paix, les médecins, le juge chargé de veiller sur les orphelins et les fonctionnaires chargés de la police sont obligés de faire leur déclaration à l'autorité compétente sur l'état des personnes qu'ils croient devoir être interdites. L'administration de l'arrondissement examine les déclarations ainsi faites; les contrôle au moyen d'un rapport du médecin de canton et au besoin par des experts qu'elle commet, et, s'il lui est justifié que cela soit nécessaire, elle prononce l'interdiction. Mais, avant de la prononcer, il y a obligation d'entendre le curé et le médecin de la personne dont l'interdiction est demandée. Il peut être appelé de la décision rendue. L'appel est jugé par les tribunaux administratifs supérieurs (1).

Un tuteur est nommé à l'interdit. Ses droits et ses obligations sont les mêmes que ceux des tuteurs donnés aux mineurs. Ils sont astreints comme eux à rendre un compte de leur gestion, *tous les ans* ou tous les deux ans, si leurs pupilles ont une fortune de 500 florins

(1) Ces dispositions sont portées au Code comme addition aux articles 489 à 512, qui reproduisent le texte des mêmes articles du Code français. On sait que ce Code a été adopté dans le grand-duché de Bade à l'époque où il faisait partie de la confédération Rhénane.

et au-dessus; et tous les trois ou quatre ans, si leur fortune est moindre. L'autorité administrative à laquelle ils doivent rendre ces comptes peut les exiger d'eux, et exercer contre eux la contrainte par corps s'ils ont commis des fautes dans leur gestion (loi du 22 décembre 1809).

Suisse.

En Suisse, le canton de Genève est le seul qui ait une loi spéciale sur la séquestration des aliénés.

Dans le canton de Neufchatel, il existe une loi du 20 septembre 1843, mais comme à cette époque il n'avait encore été créé aucun établissement d'aliénés dans le canton, cette loi a pour objet principal le placement des malades dans des établissements situés hors du canton. Les aliénés, sujets de Neufchatel, ne pouvaient être maintenus plus de trois mois dans ces établissements, sans une autorisation du Conseil d'État, rendue sur la présentation d'un certificat de médecin et au besoin après une enquête spéciale ordonnée par le Conseil. En 1848, après la fondation d'un établissement à Préfargier, un règlement général imposa comme condition d'admission dans cet établissement : 1° un certificat d'origine, 2° une demande d'admission signée par les plus proches parents de l'aliéné ou par son tuteur ou curateur; 3° un certificat de médecin, visé par le chef du district de la résidence du malade; 4° et, pour les étrangers au canton, d'une pièce émanant de l'autorité administrative ou judiciaire du pays d'origine de la personne à placer et attestant que ladite autorité a connaissance de la mesure prise à l'égard de cette personne, ainsi que de la déclaration du médecin, et « qu'elle tient la séquestration pour régulière. »

Dans le canton de Vaux, il n'y a pas de loi. Un règlement du 19 décembre 1860, concernant les établissements privés, et un règlement du 4 juillet 1862, concernant les établissements publics, déterminent les conditions d'admission. Pour les placements volontaires les pièces à produire sont : 1° l'acte d'origine ou de naissance; 2° un certificat médical attestant la nécessité du séjour du malade dans une maison de santé; 3° une demande des parents ou ayants droit; 4° une déclaration de l'autorité compétente constatant qu'elle a connaissance de la déclaration du médecin et qu'elle est officiellement informée du transfert du malade dans une maison de santé. » Pour les admissions dans les hospices publics d'aliénés, les mêmes pièces doivent être produites et de plus il faut obtenir une décision du Conseil d'État, laquelle n'est prise qu'après avis du médecin chef de bureau de la police sanitaire (art. 4 et 6 du règl. de 1862) (1).

Dans le canton d'Appenzel, la seule disposition légale à relever est celle qui oblige le tuteur de l'interdit à rendre compte, *tous les ans*, de sa gestion à une commission nommée par l'administration de la commune; cette commission est elle-même obligée de faire au Conseil de la commune un rapport sur les comptes de tutelle qu'elle a reçus (Code civil d'Appenzel).

Norwége.

Il y a, en Norwége, une loi du 17 août 1848, sur le traitement des aliénés et une instruction pour l'exécution de cette loi. Elle admet des asiles publics et des asiles privés. L'article 15 porte que « nul ne peut être détenu comme aliéné dans son domicile, chez « des parents ou des étrangers, ou être gardé à vue sans qu'avis « en ait été donné aussitôt que possible au porteur ou à un méde- « cin, » qui devient dès lors responsable de l'exécution de la loi, et doit adresser à ce sujet un rapport au département de l'intérieur. Quand l'admission d'un malade dans un asile est demandée, le médecin de l'établissement examine s'il y a lieu de le recevoir. Si les parents s'opposent à l'admission ou à la maintenue, la commission de contrôle, établie auprès de chaque asile, statue après deux interrogatoires faits à huit jours d'intervalle. Cette commission, dont les attributions sont très-étendues, est nommée par le roi et composée de trois membres, dont un au moins est médecin; elle se réunit tous les quinze jours et plus souvent s'il en est besoin; mais alors aux frais de la personne qui provoque ces séances extraordinaires (2). Tout aliéné qui trouble la sécurité publique peut être envoyé à l'asile, s'il n'est pas réclamé par sa famille. Les sorties ont lieu, en cas de guérison constatée, par le médecin de l'asile, ou si l'aliéné non guéri est réclamé, par ceux qui ont fait le placement. En cas de placement d'office, il faut une décision de la Commission de contrôle. C'est par cette commission que chaque établissement est inspecté. C'est par son intermédiaire que les rapports trimestriels et les extraits des registres des médecins des asiles sont transmis au ministre de l'intérieur.

En Norwége, l'interdiction de l'aliéné est prononcée par l'auto-

(1) Ces documents sur la législation des cantons de Neufchatel et de Vaud, sont empruntés au mémoire déjà cité de M. le docteur Lunier, inspecteur général du service des aliénés.

(2) Docteur Lunier, *loc. cit.*

rité administrative pour toutes les causes qu'elle juge suffisantes. Le tuteur qui lui est donné doit rendre, outre un compte définitif à la fin de la tutelle, un compte *annuel* de sa gestion à une commission spéciale, portant le titre de *Conseil supérieur de tutelle.* Ce conseil est institué dans chaque commune; il se compose des juges partout où il y en a, et de bourgeois désignés par l'autorité municipale dans les communes où il n'y a pas de juges. Le conseil fait un rapport au ministre de la justice, sur les comptes qu'il a reçus (Code civil, art. 85, 87, 90 et suiv.).

Suède.

La loi suédoise a été promulguée en 1858. Elle reconnaît des asiles publics et des asiles privés, qui ne peuvent exister sans l'autorisation du gouvernement. En fait, en 1868, il n'avait encore été fondé que des asiles publics. Auprès de chaque asile est instituée une commission administrative, présidée par le chef de la province. On n'y admet que les aliénés curables ou dangereux. Pour les placements volontaires, l'article 8 exige : 1° une demande d'admission adressée à la direction de l'établissement par un parent ou un ami; 2° un certificat médical qui doit être conforme à un modèle adopté par l'administration supérieure; 3° un certificat émanant d'un pasteur ou d'autres personnes dignes de foi et destiné surtout à établir l'individualité de la personne à placer (1). S'il est reconnu qu'une personne admise comme aliénée ne l'est pas, elle doit être renvoyée immédiatement. Si l'aliéné est guéri ou si son état s'est amélioré au point que le médecin chef ne voie aucun danger pour lui ni pour les autres à ce qu'il soit soigné dans sa famille, la direction doit provoquer sa sortie. Les *incurables*, dans les mêmes conditions, doivent être renvoyés pour laisser la place aux aliénés curables.

Si, dans le délai fixé par la direction, l'aliéné guéri, amélioré ou incurable n'est pas retiré, il est reconduit aux frais de qui de droit (§ 17, art. 1 à 6 de la loi de 1858). Les asiles sont inspectés une fois par an par la direction supérieure. Les particuliers qui reçoivent un aliéné comme pensionnaire sont surveillés par le pasteur et par les médecins officiels. Ceux qui reçoivent plus de cinq pensionnaires aliénés sont soumis aux mêmes obligations que les asiles privés (*ibid.*, § 24).

Aux termes d'une loi du 17 mai 1845, le tuteur de l'interdit, qui est assimilé au tuteur des mineurs, doit un compte de sa gestion

(1) Docteur Lunier, *loc. cit.*

aux proches parents de l'aliéné *tous les trois ans*, et même *tous les ans* s'ils l'exigent. S'il est nécessaire de faire examiner les comptes par un *prud'homme*, il est nommé par le tribunal.

Etats-Unis.

Aux États-Unis, les administrateurs des hôpitaux, les commissaires des pauvres, sont ordinairement les seuls juges de la nécessité de l'entrée des aliénés dans les hospices, ou de leur sortie, et ils ne sont responsables de l'exercice de cette attribution qu'envers la législature.

Dans l'État de Virginie, deux lois des 9 mars 1819 et 29 janvier 1825 ont attribué pour cet effet une juridiction spéciale aux cours des directeurs des hôpitaux. Les juges de paix peuvent ordonner d'office l'arrestation d'un aliéné furieux, idiot ou atteint de simple démence; mais ils doivent en rendre compte à la cour des directeurs de l'hôpital dans un bref délai. Les familles ne peuvent faire séquestrer un aliéné qu'après en avoir obtenu l'ordre des autorités qui viennent d'être indiquées. La surveillance supérieure appartient aux commissaires des pauvres et aux directeurs nommés par l'État; les règlements sont soumis à l'autorité municipale. Le grand jury a d'ailleurs le droit de prendre connaissance des abus; il inspecte annuellement les établissements d'aliénés.

Dans l'État de Géorgie, l'autorité chargée de la police et de l'administration intérieure, les parents et même les amis de l'aliéné, ont également le droit de requérir la séquestration; la séquestration ne peut être ordonnée que par les cours de justice, qui sont légalement investies de la surveillance des établissements dans lesquels elle a lieu. Toutefois l'administration locale peut toujours prescrire la séquestration provisoire en cas d'urgence, sauf à en référer dans les trois jours (1).

Le Code civil de la Louisiane contient relativement à l'interdiction et aux interdits quelques dispositions particulières qu'on ne rencontre pas dans les législations des autres pays.

L'interdiction peut être provoquée pour les mêmes causes et par les mêmes personnes qu'en France; mais de plus, dans tous les cas, quand les parents ou l'époux n'agissent pas, elle peut être provoquée par un étranger ou prononcée d'office. Si la personne dont

(1) Tout ce que je dis ici sur la législation des États-Unis est emprunté à l'exposé des motifs de la loi du 6 janvier 1837, par le ministre de l'intérieur, M. de Montalivet. Je n'ai pu me procurer les textes.

l'interdiction est poursuivie n'a pas de défenseur, il lui en est désigné un d'office.

Selon le caractère de la maladie dont l'interdit est attaqué et suivant l'état de sa fortune, le juge doit ordonner qu'il sera traité à son domicile ou qu'il sera placé dans une maison de santé; il peut le faire mettre en lieu de sûreté s'il est furieux.

Il est nommé d'office par le juge à l'interdit un surveillant dont le devoir est d'informer le juge, au moins une fois tous les trois mois, de l'état de santé de l'interdit et de la manière dont il est traité; à cet effet, le surveillant a accès auprès de l'interdit aussi souvent qu'il juge à propos de le voir; le juge doit faire visiter spécialement l'interdit toutes les fois que, d'après les informations reçues, il croit cette visite nécessaire. La visite doit être faite hors de la présence du tuteur ou curateur.

L'interdit ne peut être transporté hors de l'État sans l'autorisation de justice, donnée sur la recommandation de l'assemblée de famille, et l'avis, sous serment, d'au moins deux médecins déclarant qu'ils croient le transport nécessaire à la santé de l'interdit.

IV.

Critiques adressées à la législation sur les aliénés en France; réformes proposées; objections.

La loi de 1838 sur les aliénés a été et elle est encore vivement critiquée et attaquée; on demande une loi nouvelle. Pour permettre d'apprécier le mérite des critiques, et de bien juger ce qu'il y aurait à faire, il ne sera pas sans utilité de préciser sommairement le but que se sont proposé les diverses législations sur les aliénés; de résumer les reproches qui leur sont adressés, les réformes demandées, les objections qu'elles soulèvent, les solutions qui ressortent de la comparaison des différentes législations, et d'arriver ainsi à préciser, autant que cela est possible, les questions que le législateur aura à résoudre, si la loi de 1838 est revisée.

§ 1. — Nécessité d'une loi; quel doit être son but.

On est allé récemment, dans une réunion publique, jusqu'à dire que la seule amélioration possible de la législation sur les aliénés était de supprimer toute loi et de laisser les aliénés dans le droit commun. Pour reconnaître que les lois qui concernent les aliénés ont été pour eux un bienfait, il suffit de se rappeler quel était leur sort, non-seulement en France (1), mais dans tous les pays les plus civilisés, avant qu'ils fussent légalement protégés. Si ces lois étaient supprimées, on verrait bientôt reparaître tous les abus révoltants dont on a trop peut-être perdu le souvenir.

Les aliénés sont souvent dangereux ; la société doit être protégée contre eux, mais elle leur doit elle-même une protection. Tout aliéné, même non dangereux, réclame un traitement, des soins et une surveillance spéciale. S'il ne possède rien, il est souvent une charge trop lourde pour sa famille, qui le négligera. S'il a des biens, il est une proie facile, et sera souvent dépouillé de tout, même par ses plus proches parents. C'est un devoir d'humanité et de justice, un devoir social de veiller sur les aliénés, de les défendre contre la brutalité, la cupidité et la rapacité de ceux qui les entourent et de leur assurer les secours que réclame leur triste position. Ce devoir ne peut être convenablement et efficacement rempli que s'il existe une loi par laquelle sont déterminées : la limite à laquelle doit s'arrêter le droit de défense de la société contre l'aliéné, et les mesures à prendre pour le protéger et contre les autres et contre lui-même. Les aliénés sont une exception dans la société, leur situation ne peut être réglée que par une loi spéciale, exceptionnelle.

L'utilité, la nécessité d'une loi sur les aliénés ne peut pas être sérieusement contestée. Quels sont les besoins auxquels elle doit satisfaire, les intérêts qu'elle doit sauvegarder?

Pendant longtemps le législateur ne s'est occupé des aliénés que pour les empêcher de nuire, et pour réglementer la responsabilité des familles qu'on obligeait à les surveiller. Dès qu'ils étaient signalés comme dangereux, on les enfermait et on les enchaînait comme des bêtes fauves, sans prendre aucun soin de leur guérison, qui était regardée comme impossible, sans aucune précaution légale pour s'assurer s'ils étaient réellement aliénés ou s'ils n'étaient atteints que d'un accès passager de délire ou de fureur. Les mesures relatives aux biens avaient moins pour objet l'intérêt de l'aliéné que leur conservation au profit de la famille.

Plus tard, et seulement au commencement de ce siècle, on a constaté que l'aliénation mentale n'était pas toujours incurable; que les bons soins et un traitement humain et rationnel, lorsqu'ils ne guérissaient pas les aliénés, amélioraient leur état mental; que les accès de folie furieuse n'étaient, le plus souvent, qu'un des résultats de la barbarie du traitement. On a commencé à considérer

(1) Pour la France, voir pages 45 et suiv.

les aliénés comme des malades dignes de plus de pitié que les autres, et l'on s'est préoccupé des moyens d'améliorer la situation de ceux qui étaient séquestrés comme dangereux et de procurer à tous des secours et un traitement médical. C'est sous l'impulsion de ce sentiment d'humanité et d'une vive réaction contre le passé qu'ont été faites la plupart des lois modernes sur les aliénés, et notamment la loi de 1838, en France. Mais préoccupés du désir de mettre un terme aux abus et aux maux qui soulevaient alors une réprobation générale, et de les prévenir pour l'avenir, les législateurs n'ont pas peut-être clairement vu qu'ils avaient quelque chose de plus à faire que de supprimer les cachots et les geôliers des aliénés, de leur substituer des maisons de santé surveillées par des médecins, et d'ouvrir largement ces maisons à toutes les maladies mentales. Lorsqu'on lit les discussions des deux chambres sur les lois de 1837 et de 1838, on est frappé de l'impatience avec laquelle étaient accueillies les objections de ceux qui craignaient qu'on ne dépassât le but, et qu'une loi de bienfaisance ne pût devenir un jour un moyen d'oppression. Une conviction dominait les esprits, c'est qu'on ne pouvait trop faciliter l'admission dans les asiles; mais, comme le prévoyaient quelques bons esprits, cette facilité même est devenue un danger.

Les asiles ouverts aux aliénés se sont rapidement remplis. Avec le temps on a constaté que les guérisons n'étaient pas aussi nombreuses qu'on l'avait espéré, et que, pour un grand nombre d'aliénés, les maisons de traitement devenaient des lieux de reclusion perpétuelle. Avec le temps aussi il s'est produit des abus; des réclamations se sont élevées. On a pu citer : ou des séquestrations qui se sont inutilement prolongées après la guérison; ou des erreurs qui avaient fait prendre pour de la folie des accès accidentels de délire dus à d'autres causes; ou même des circonstances dans lesquelles ou la passion, ou la haine, ou la cupidité s'étaient servies d'une accusation d'aliénation mentale pour faire séquestrer des personnes qui n'étaient pas folles. On a reconnu alors que si l'ancien état de choses était fatal aux aliénés dangereux et blessait l'humanité, la législation nouvelle peut compromettre la liberté des aliénés non dangereux et même celle des personnes qui ne sont pas aliénées. L'opinion publique qui, en 1838, demandait avec tant de vivacité la création des asiles, réclame aujourd'hui non moins vivement des garanties contre les abus possibles de la séquestration.

Le but que le législateur doit chercher à atteindre est maintenant bien déterminé par l'expérience du passé. Il faut non-seulement qu'une loi sur les aliénés protége suffisamment la société contre les fous dangereux, qu'elle assure à tous les aliénés, quels qu'ils soient, des moyens de guérison s'ils peuvent être guéris, ou un refuge s'ils sont incurables; mais qu'en même temps elle veille à ce que les précautions prises contre les aliénés dangereux, ou le mode de traitement des aliénés non dangereux, ne puisse *jamais* devenir un moyen de porter atteinte à la liberté individuelle. Elle doit aussi prendre toutes les dispositions nécessaires pour protéger et conserver les biens des aliénés, et obliger les tuteurs ou les administrateurs à les employer, avant tout, à satisfaire aux besoins des malades et à leur assurer un traitement convenable.

Comment ce but ainsi précisé peut-il être atteint? Comme moyen préventif contre le fou dangereux, comme moyen curatif pour tous les aliénés, comme refuge pour les aliénés incurables, on trouve dans toutes les législations la séquestration dans des asiles publics ou privés; comme garantie contre les abus de la séquestration, on a réglementé les admissions et les sorties, et l'on a organisé des inspections; pour sauvegarder les biens, on a eu recours à l'interdiction et on a donné des administrateurs aux biens des aliénés séquestrés non interdits.

Le mode et la mesure dans lesquels ces moyens ont été appliqués par les législations actuellement existantes ont été critiqués soit comme constituant un danger pour la liberté individuelle, soit comme insuffisants. Je vais résumer rapidement sur chaque point les objections soulevées, les moyens nouveaux proposés, les lacunes indiquées.

§ 2. — Isolement et séquestration. — Asiles. — Traitement à domicile. Colonies agricoles.

Les premières questions qui se présentent et les plus graves du point de vue de la liberté individuelle, sont celles de l'isolement et de la séquestration de l'aliéné et la question des asiles. Ces questions ont entre elles une corrélation obligée; toutefois il ne faut pas les confondre.

L'*isolement*, tel que le comprennent les médecins aliénistes, « n'est « pas la privation de toute communication, mais seulement la pri- « vation des rapports au milieu desquels la folie s'est développée « ou qui pourraient en rappeler les causes. » L'isolement ainsi défini peut être obtenu sans une privation absolue de la liberté et par un simple éloignement du domicile et de la famille. C'est le moyen curatif de l'aliénation mentale le plus simple et souvent le plus efficace. Lorsqu'on a dit que l'isolement était « une cruauté

« inutile et qu'il ne guérissait pas, » on l'a confondu à tort avec la mise au secret en cellule, auquel on n'a jamais recours que dans des cas rares et exceptionnels, et pour un temps très-limité.

L'aliéné séquestré est renfermé et privé de sa liberté. La *séquestration* est moins un mode de traitement qu'un moyen soit d'obtenir l'isolement, si le caractère de l'aliénation ne permet pas de l'obtenir autrement; soit de contraindre l'aliéné à se soumettre au traitement; soit de le garantir ou de garantir les autres des conséquences d'une folie dangereuse. La séquestration ne suppose pas nécessairement l'existence de l'asile : un aliéné peut être séquestré partout, même dans son propre domicile.

L'*asile* est la maison de santé appropriée aux besoins de l'aliéné. Par la force des choses et par une conséquence de l'organisation actuelle des asiles, l'aliéné y est isolé et séquestré; mais, dans les cas ordinaires, l'isolement et la séquestration sont bien moins stricts et moins pénibles que dans une maison privée et même dans le domicile de l'aliéné; leur rigueur est mitigée par la vie en commun, avec la faculté de se mouvoir dans un large espace où l'aliéné jouit d'une liberté relative. Il est même possible de concevoir une organisation de l'asile où, au moins pour certains quartiers et pour certains aliénés, la séquestration serait moins absolue et où le régime laisserait plus de liberté.

On ne pouvait attaquer l'isolement et la séquestration en eux-mêmes, sans méconnaître les nécessités du traitement de l'aliénation mentale. Mais on a demandé que les asiles fussent supprimés comme appliquant inutilement l'isolement et la séquestration à un grand nombre d'aliénés, qui pourraient rester libres; ou qu'au moins l'asile ne fût conservé que pour les aliénés dangereux, et, dans certains cas, pour les incurables. En même temps on a proposé de substituer aux asiles le traitement à domicile et la création de colonies agricoles d'aliénés.

Serait-il prudent, serait-il véritablement humain, serait-il possible de supprimer les asiles ?

Le nombre des maladies mentales qui peuvent être traitées à domicile est très-restreint. Mais même cette objection écartée, et en admettant que toutes puissent y être traitées, on serait arrêté par des obstacles insurmontables. Pour traiter un aliéné à domicile et le surveiller, il faut un espace, une appropriation des lieux et des ressources qui manquent au plus grand nombre des familles. Le traitement à domicile est d'ailleurs souvent insuffisant et inefficace. Ce n'est ordinairement qu'après des essais infructueux de ce traitement que les familles se décident à conduire leurs aliénés aux asiles. Le traitement à domicile est appliqué en Angleterre aux aliénés indigents (1). On y a reconnu qu'il n'était possible que pour certaines catégories d'aliénés, le plus souvent incurables, et à la condition d'une translation immédiate à l'asile dès que cela devient nécessaire. On trouve dans les asiles une assistance, des soins, un traitement curatif, une organisation spéciale que les aliénés, même les plus riches, ne pourraient se procurer ailleurs; il y a là surtout le traitement moral résultant de la discipline, de la règle de la maison, d'une autorité supérieure qui s'impose, traitement dont l'action salutaire sur les aliénés ne peut pas être contestée. Dans un grand nombre de cas, rien ne peut remplacer l'asile.

La fondation de colonies agricoles où tous les aliénés vivraient libres est une utopie. On cite la colonie de Gheel. Elle n'a pas été créée, mais seulement réglementée. Elle existait avant la loi et n'a dû son existence qu'à des causes exceptionnelles (2). Il suffit de lire les règlements qui la concernent (3) pour se rendre compte des difficultés que rencontrerait l'organisation de toutes pièces d'une colonie semblable, et reconnaître qu'elle est impraticable. Aucun habitant de nos campagnes ne voudrait se faire l'infirmier d'un aliéné étranger à sa famille, en se soumettant aux conditions sévères et aux obligations onéreuses qui sont imposées à l'habitant de la commune de Gheel (4). On a fait d'ailleurs remarquer avec raison que la colonie de Gheel a été obligée d'exclure toutes les catégories d'aliénés difficiles à surveiller et qu'elle ne peut fonctionner qu'à l'aide d'une infirmerie, qui domine tout le système (5). Cette infirmerie n'est qu'un asile un peu modifié, dont la colonie n'est en réalité qu'une annexe et, on n'a, à Gheel, qu'une application mitigée de la séquestration en commun restreinte à certains aliénés.

On ajoute que tout ce qu'il y a de véritablement utile pour les aliénés dans le régime de la colonie de Gheel, peut être obtenu avec plus d'avantage par l'adjonction aux asiles d'une exploitation agricole ou industrielle. Des essais ont déjà été faits dans ce sens, on peut les encourager, les développer et les perfectionner. C'est

(1) Voir pages 31 et suiv.

(2) Ce pays fut d'abord un pélerinage pour les aliénés qui venaient y chercher à recouvrer la santé sur le tombeau d'une jeune Irlandaise canonisée. Les habitants se créaient une industrie lucrative en recevant, logeant et nourrissant les aliénés, et cette industrie finit par fonder une institution permanente (M. Tanon, *Étude sur la loi de* 1838).

(3) Voir pages 89 et suiv.

(4) Voir page 91 et la note 2.

(5) Voir page 94.

une étude pratique à faire. Le système de la colonisation peut servir à améliorer le système des asiles, il ne peut y suppléer.

« Mais, a-t-on dit, la séquestration collective n'est pas un remède, c'est le pire des maux. Elle produit l'aliénation quand elle n'existe pas, ou l'aggrave quand elle existe; c'est à la création des asiles qu'il faut attribuer l'augmentation du chiffre des aliénés depuis 1838. » On a répondu que c'étaient là des allégations démenties par les faits : on ne voit jamais un aliéné prendre par contagion ou imitation la folie d'un autre aliéné; la plupart des médecins-aliénistes soutiennent au contraire qu'il résulte d'une longue expérience, que la vie commune et les obligations qui en résultent exercent sur les aliénés une action favorable (1). D'ailleurs, si le contraire venait à être établi, il suffirait pour y remédier de séparer les aliénés dans les asiles et de les traiter dans des chambres à part. Quant à l'augmentation du chiffre des aliénés dans les asiles, les causes en sont bien connues; il ne faut pas en accuser le régime des asiles ni trop s'en alarmer. On doit tenir compte de ce que : 1° la création des asiles en plaçant les aliénés dans de meilleures conditions, a diminué leur mortalité et augmenté le nombre des incurables séquestrés; 2° on a envoyé aux asiles les idiots, qui autrefois restaient à la charge des familles ou des hospices; 3° au lieu de cacher comme autrefois leurs aliénés, les familles hésitent moins à les envoyer aux asiles : les familles aisées, pour se décharger de soins difficiles ou dans l'espoir d'une guérison; les familles pauvres, parce que le département et la commune payent tout ou partie de la dépense; 4° Enfin, l'augmentation du nombre des aliénés dans les asiles correspond à une augmentation du nombre des aliénés dans la société, et elle n'en est qu'une conséquence (2).

(1) La question des guérisons dans les asiles a été controversée. Les uns nient, les autres affirment. Sans entrer dans cette discussion, qui est entièrement médicale, je citerai seulement à titre de renseignement les chiffres suivants : depuis 1835, il a été admis dans les asiles, 149,803 aliénés; il en est sorti 134,816, dont un tiers, 45,000 environ étaient guéris; en 1864, pris comme exemple, on a sur 10,207 aliénés sortis :

Décédés.	4,228.
Guéris.	3,074.
Améliorés.	1,317.
Autres.	1,588.

J'emprunte ces chiffres à M. le docteur Lunier (Augmentation du chiffre des aliénés, 1870).

(2) En 1835, il y avait dans les asiles 10,539 aliénés; en 1868, ils en renferment 38,545 (32,022 fous et 3,980 idiots ou crétins). Mais l'accroissement du nombre des aliénés qui restent hors des asiles, est encore bien plus considérable. En 1835, on

La question se résume ainsi : les établissements d'aliénés existaient avant la loi de 1838; ils sont nécessaires au même titre que les maisons de santé. On en a singulièrement exagéré les dangers. C'est en France seulement que quelques voix isolées en ont demandé la suppression. Toutes les nations en ont reconnu les bienfaits et la nécessité. Elles les autorisent et en élèvent chaque jour de nouveaux. On doit chercher à les améliorer et prendre toutes les précautions légales nécessaires pour prévenir les détentions arbitraires; mais les supprimer serait une calamité. Les questions de l'isolement, de la séquestration, du traitement en famille ou dans des colonies agricoles, sont des questions en partie médicales à mettre à l'étude et à expérimenter, et qu'il serait imprudent de trancher d'une manière absolue dans une loi. Tout ce que peut le législateur, c'est de faire la loi assez large pour qu'elle s'applique à tous les modes de traitement, au lieu de n'en réglementer qu'un seul (1).

§ 3. — Garanties légales contre les séquestrations arbitraires des aliénés.

Les garanties possibles contre les séquestrations arbitraires des aliénés sont : 1° la moralité, la capacité et la responsabilité des personnes chargées de leur donner des soins; et plus particulièrement pour les asiles, la moralité, la capacité et la responsabilité des directeurs, médecins et employés, et un bon règlement intérieur; 2° la constatation certaine, avant la séquestration, de l'alié-

en comptait, à domicile, 5,999; en 1866, le dernier recensement a donné pour les aliénés à domicile un chiffre de 54,707 (18,734 fous, et 35,973 idiots ou crétins). Il est vrai que M. le docteur Lunier, auquel nous empruntons ces chiffres, fait remarquer que cette augmentation doit être attribuée en partie à plus d'exactitude dans les recensements; quelle que soit la part faite à cette cause, il reste encore un accroissement considérable (docteur Lunier, *loc. cit.*)

(1) L'utilité et la possibilité de ne pas se borner au traitement des aliénés par la séquestration absolue, ont été reconnues et constatées, il y a déjà dix ans, dans un rapport fait en 1861 au conseil général du département de la Seine, par M. Ferdinand Barrot, grand référendaire du Sénat. Il résulte de ce rapport qu'il entrait dans les intentions du Conseil général d'organiser des asiles extérieurs en vue de l'application du travail agricole et industriel au traitement des aliénés, et d'encourager et faciliter le traitement à domicile des fous tranquilles et inoffensifs qu'on peut laisser dans la famille, où ils pourraient être appliqués à divers travaux utiles. » Si ces projets n'ont pas été jusqu'à présent mis à exécution, c'est parce qu'ils se rattachent à « une réorganisation générale qui ne peut être exécutée d'un seul coup » et qui a été jusqu'à ce jour ajournée par des causes diverses. Au surplus l'emploi des aliénés à des travaux agricoles hors des asiles, et en leur laissant une liberté relative, est déjà mis en pratique dans plusieurs établissements avec un succès qui peut encourager à tenter d'autres essais et d'autres applications du même principe.

nation mentale et de la nécessité d'une séquestration; 3° la responsabilité des personnes qui séquestrent l'aliéné; 4° la constatation possible et obligée, à toute époque, tant que dure la séquestration, du mode de traitement et de la situation mentale de l'aliéné; 5° les facilités données aux réclamations et à la mise en liberté de l'aliéné dès qu'il est guéri, ou dès que sa séquestration n'est plus nécessaire.

Toutes ces garanties existent-elles suffisamment développées dans la loi de 1838? Oui, disent les uns; c'est une loi sage, honnête, qui protège suffisamment tous les intérêts, par sa réforme intempestive ou compromettrait un grand intérêt social. Non, répondent les autres; c'est une loi qui laisse la porte ouverte à tous les abus; elle donne un pouvoir arbitraire à l'administration, aux familles et même aux tiers, sur tout individu qu'il plaît de désigner comme aliéné. Elle a créé de *nouvelles bastilles* et fait revivre *les lettres de cachet*; il faut se hâter de l'abroger. Des deux côtés on exagère. Sans entrer dans les généralités, je reprends successivement dans l'ordre plus haut indiqué, les différentes garanties qui peuvent être exigées, en recherchant dans quelle mesure l'application qu'en a faite la loi de 1838, peut répondre aux critiques.

1° *Moralité*, *capacité*, *responsabilité des personnes à qui les aliénés sont confiés.*

Les dispositions de la loi de 1838, qui règlent l'institution des asiles, donnent, autant que cela est possible, la certitude qu'ils ne peuvent tomber sous la direction et la surveillance de personnes dont la moralité et la capacité ne seraient pas au-dessus de toute contestation. Les directeurs et les médecins des asiles publics sont choisis par l'administration supérieure; les directeurs et les médecins des asiles privés sont soumis à son autorisation, s'il ne s'est jamais élevé aucune plainte contre leur honorabilité. De ce point de vue, il n'a été articulé aucun reproche sérieux. Il y a seulement deux lacunes à signaler : 1° les règlements des asiles privés ne sont soumis à l'approbation du gouvernement qu'en exécution d'instructions ministérielles, il vaudrait mieux que l'obligation en fût écrite franchement dans la loi : c'est l'affirmation d'un droit de police et de surveillance intérieure, incontestable; 2° les maisons qui ne sont ni des asiles publics, ni des asiles privés, et qui reçoivent et traitent un ou plusieurs aliénés payant pension, ne sont pas astreintes par la loi de 1838, à la nécessité d'une autorisation, ni même d'une déclaration quelconque. Cette omission a été réparée dans toutes les législations des autres pays. Elle est grave; il y a là une source d'abus possible. C'est cette omission qui a permis à d'ardents défenseurs de la loi de 1838, de dire que la suppression des asiles était demandée dans l'intérêt des établissements religieux, qui à leur défaut recevraient les malades. Les conditions dans lesquelles il est permis de traiter et de recevoir en pension même *un seul* aliéné, et de le séquestrer ou de le soumettre à une contrainte quelconque en dehors des asiles, doivent être précisées et réglementées. Il y aurait peut-être même lieu de réglementer dans une certaine mesure, comme en Écosse et en Belgique (1), la séquestration de l'aliéné dans son domicile ou chez ses parents. On se plaint qu'il n'y ait pas assez de garanties dans les asiles ; hors des asiles il n'en existe plus aucune, et le danger d'une séquestration arbitraire et d'un traitement inhumain ou insuffisant est beaucoup plus pressant.

2° *Constatation de l'aliénation mentale et de la nécessité d'une séquestration.*

L'aliénation est une maladie ; à ce titre les médecins ont qualité pour la constater. En admettant même que, dans certains cas de délire ou de fureur, elle put être constatée par des personnes qui n'ont pas de connaissances médicales, il serait encore nécessaire d'appeler des médecins, pour ne pas confondre une aliénation apparente avec les résultats momentanés de certaines maladies. Comme ici il ne s'agit pas seulement de traiter le malade, mais que le résultat immédiat de la constatation de l'aliénation sera de le priver de sa liberté et de la gestion de sa fortune, il est indispensable de prendre des garanties contre l'erreur, la légèreté, l'insuffisance, et même, car tout doit être prévu, la collusion du médecin.

La première garantie, la plus nécessaire, est la moralité et la capacité des médecins appelés à constater l'aliénation. Même lorsque cette condition est remplie, un médecin peut se tromper ; il n'est pas infaillible et plusieurs médecins offriront plus de garanties qu'un seul. Cela est vrai surtout si chacun d'eux voit séparément le malade et donne son avis sans subir l'influence d'un autre médecin. La pluralité des médecins donnera d'autant plus de certitude, qu'il aura été moins possible aux médecins consultés de se concerter ensemble.

L'affirmation des médecins doit porter sur deux points : 1° sur l'existence de l'aliénation mentale ; 2° sur les caractères qui peuvent rendre la séquestration indispensable. Sur ces deux points, à raison de la nature spéciale de la maladie et des conséquences qu'entraîne

(1) Voir pages 87 et 88 pour la Belgique, et pour l'Écosse page 99.

l'aliénation quant à la personne et aux biens de l'aliéné, les témoignages des personnes qui l'entourent, ne peuvent pas être acceptés aveuglément; pour que l'attestation du médecin ait quelque valeur, il faut qu'elle ne soit fondée que sur des faits qu'il aura *personnellement* constatés, et non sur des ouï-dire. Dans tous les cas où pour constater la folie il est nécessaire de s'appuyer sur des faits antérieurs à l'examen, il faut que ces faits soient constatés par une enquête. Le médecin n'a pas qualité pour la faire, et il faut lui adjoindre une personne autorisée.

Si le médecin fait connaître son opinion par un certificat ou un rapport, plus on exigera de lui de détails, plus il sera obligé de préciser toutes les circonstances des faits sur lesquels s'appuye son opinion, et plus on aura la certitude que son attention se sera portée sur les points qui excluent toute erreur, ou, s'il s'est trompé, plus il sera facile de le reconnaître.

La loi de 1838 n'exige le certificat que *d'un seul* médecin, *le premier venu* (1); elle énonce seulement que le certificat constatera l'état mental de la personne, et indiquera les *particularités* (2) de sa maladie et la nécessité du traitement et de la séquestration dans une maison d'aliénés. Ce certificat peut être admis pendant quinze jours à compter de sa date. On demande : 1° qu'au certificat du médecin de la personne qui sollicite la séquestration, médecin qui peut ne présenter aucune garantie, il faille joindre le certificat d'un médecin pris sur une liste formée à l'avance par l'autorité administrative ou l'autorité judiciaire; que ce médecin doive examiner l'aliéné en l'absence du premier médecin, en laissant un intervalle d'au moins vingt-quatre heures entre les deux visites, le cas d'urgence constatée excepté; 2° que la loi précise mieux les constatations que doit contenir le certificat; qu'on exige les constatations énumérées par

(1) Elle dispense même de tout certificat *en cas d'urgence*. Il est vrai que cette exception est restreinte aux établissements publics. Elle devrait être supprimée. En Angleterre en cas d'urgence, on se contente du certificat d'un seul médecin; mais dans les quarante-huit heures on est obligé de produire les certificats de *deux* autres médecins (voir page 20).

(2) On retrouve cette expression dans la loi belge (art. 8). Mais l'article 39 du règlement général la complète en disant que le certificat mentionnera autant que possible: « l'époque de l'invasion de la maladie, sa durée et ses caractères essentiels; si l'aliéné a été soumis à un traitement, et généralement toutes les circonstances propres à faire apprécier l'état du malade », de plus il exige qu'à ce certificat soit joint: « un bulletin confidentiel mis sous enveloppe et cacheté, indiquant la cause *connue ou présumée* de la maladie, et si des membres de la famille de l'aliéné ont été ou sont atteints d'une maladie mentale. »

la loi belge (1), par exemple, en y ajoutant notamment l'obligation : d'indiquer les jours et l'heure des visites; de faire la distinction entre les faits observés par le médecin et les déclarations à lui faites sur les faits antérieurs; de dire si la maladie paraît curable ou incurable; d'exprimer les motifs qui rendent la séquestration nécessaire; 3° qu'il soit exprimé dans la loi que toute omission dans les certificats, toute attestation inexacte constituerait un fait punissable, indépendamment de la responsabilité civile ou criminelle du médecin, en cas de faute lourde ou de complicité de détention arbitraire; 4° que le délai de quinze jours, pendant lequel le certificat est valable, soit réduit, au plus, à sept jours, comme en Angleterre.

Pour repousser ces demandes, on objecte que la pluralité des médecins n'est pas une garantie; que leur honorabilité professionnelle ne permet pas de mettre en doute que toute attestation d'aliénation faite par l'un d'eux, ne soit faite avec une entière bonne foi; qu'exiger l'intervention de deux médecins serait une dépense et une formalité inutile imposées aux familles; que la multiplicité des examens peut aggraver l'état du malade; qu'elle sera une cause de retard dans le traitement, retard qui peut amener l'incurabilité ou rendre la guérison plus difficile. On ajoute qu'en fait, la loi de 1838 ne se contente pas de la déclaration d'un seul médecin; qu'il faut tenir compte de la visite faite dans les trois jours de l'admission par le médecin commis par le préfet, et de l'examen du médecin directeur de l'établissement où est placé l'aliéné.

Mais on fait remarquer que depuis longtemps en Angleterre, en Écosse et en Allemagne, on exige l'examen de plusieurs médecins, et qu'il n'en est résulté aucun des inconvénients que l'on paraît redouter. S'il est vrai que l'examen des deux médecins ne soit pas rigoureusement indispensable dans un grand nombre de cas où la folie est accompagnée de délire et se manifeste par des actes et des signes extérieurs non équivoques, il n'en est pas de même dans les cas douteux (2). Le nombre de ces cas s'est singulièrement augmenté depuis que les médecins aliénistes ont découvert la folie sans délire, la manie raisonnante, à laquelle ils appliquent la séquestration comme à la folie délirante. Quand ces cas se présentent, on ne peut s'en rapporter à l'examen hâtif et superficiel trop souvent d'un seul médecin. Pour ne pas admettre que la pluralité

(1) Voir la note qui précède.

(2) Un médecin aliéniste d'une haute capacité et défenseur de la loi de 1838, reconnaissait récemment devant moi que le nombre de ces cas n'est pas de moins de 5 p. 100, dans les départements, et de 10 p. 100 à Paris.

des médecins puisse être une garantie sérieuse, il faut ne s'être jamais trouvé dans la nécessité de faire constater des cas d'aliénation mentale et ne pas avoir appris par l'expérience combien peuvent varier les appréciations des hommes de l'art sur un même fait (1).

Quant au retard qui peut en résulter pour l'admission dans un asile : dans les cas de folie délirante, comme aucun doute ne peut s'élever, l'examen sera rapide et il n'y aura aucun retard ; dans les cas douteux, non-seulement le retard ne présente aucun danger, mais s'il y a un danger à craindre c'est celui qui résulterait d'une trop grande précipitation. D'ailleurs tout inconvénient pour les retards disparaîtrait, si, comme on le demande, on créait des bureaux d'admission où les aliénés trouveraient une organisation convenable pour tous les soins urgents (2).

A l'objection faite : qu'il faut tenir compte de la visite du médecin envoyé par le préfet dans les trois jours de l'entrée à l'asile, on répond : que cette visite n'est ordonnée que pour les asiles privés; que dans tous les cas, toute visite faite après l'admission ne peut remplacer un examen antérieur, attentif; que le médecin officiel arrive nécessairement sous l'influence d'une prévention défavorable; que le patient transporté violemment ou par surprise à l'asile, est encore sous l'influence du trouble ou de l'irritation que lui a causé sa translation; qu'il n'est plus dans son état normal ; qu'on l'examine dans des conditions mauvaises et qui peuvent induire en erreur; que quand cette visite est faite, le mal moral qui peut résulter pour un homme sain d'esprit de sa translation dans un asile d'aliénés, est déjà produit en partie; qu'il peut en résulter pour lui un préjudice grave; que peut-être même quelquefois la translation et la séquestration auront suffi pour déterminer l'aliénation mentale (3).

Enfin, quant à la garantie que peut présenter le médecin directeur de l'établissement où est placé l'aliéné, elle est, dit-on, illusoire ;

(1) J'ai été quatorze ans juge d'instruction à Paris. J'ai eu souvent à faire constater des cas d'aliénation mentale en cette qualité. Comme juge au tribunal civil et comme conseiller, j'ai eu à statuer sur des demandes d'interdiction, je puis donc invoquer ma propre expérience. Il est un fait connu de tous les vieux magistrats ; c'est que parmi les médecins aliénistes quelques-uns admettent plus facilement que les autres l'existence de l'aliénation ; plusieurs ont aussi des systèmes. Une des difficultés des expertises est celle de choisir les experts de manière à mettre en présence des médecins de tempérament différent, pour arriver plus sûrement à la certitude.

(2) Je reviendrai plus loin sur ce sujet.

(3) Dans la discussion de la loi de 1838, il a été reconnu que cette visite trop rapide et trop superficielle ne constituait pas une garantie sérieuse.

un médecin directeur ne refusera jamais la personne qu'on lui amène quel que soit l'état de son intelligence ; à force de traiter des aliénés et de se mettre en garde contre leurs ruses, il finit par voir partout des aliénés qui dissimulent leur manie. Il hésitera d'autant moins que sa responsabilité est couverte par la demande qui lui est remise et par le certificat des médecins. Pour lui les dangers de la séquestration sont comme non avenus, il n'y voit qu'un mode de traitement que, même en cas de doute, il peut employer sans scrupule comme moyen d'observation ou d'essai.

3° *Responsabilité des personnes qui font séquestrer l'aliéné.*

Il faut distinguer les séquestrations volontaires faites par les personnes qui portent intérêt à l'aliéné et les séquestrations d'office faites par les autorités compétentes dans un intérêt de sécurité publique. Les garanties à exiger dans ces deux cas sont d'un ordre différent.

L'affirmation de tout individu qui demande la séquestration d'une personne en disant qu'elle est aliénée, est un des éléments de la présomption que l'aliénation existe réellement et que la séquestration est nécessaire. Il est indispensable que dans sa demande il fasse connaître sur quoi se fonde sa conviction. La loi de 1838 n'exige qu'une simple formule de demande signée ; ce n'est pas assez. On voudrait que comme en Angleterre et en Allemagne, on fût obligé de joindre à cette demande un exposé énumérant les principales circonstances des faits qui la motivent et la justifient. Cette obligation serait en elle-même une garantie que la demande n'est pas faite légèrement ; et, s'il y a une enquête ou une vérification à faire, on connaîtrait au moins les faits sur lesquels elle doit porter.

Mais on a surtout vivement attaqué la disposition de la loi qui donne à toute personne, même non parente, qui est en relations avec l'aliéné, le droit de demander sa séquestration. On y a vu la possibilité pour tout individu de se venger d'un ennemi, de se débarrasser d'un concurrent ou d'un obstacle au moyen d'une allégation de maladie mentale. Le droit qu'on attaque ici existe dans toutes les législations, une seule exceptée ; on s'en est évidemment exagéré les abus possibles. Pour qu'il puisse y avoir abus, il faut admettre que la personne à séquestrer est éloignée de sa famille et de ses amis ; qu'elle n'a aucunes liaisons et aucunes relations, qu'elle puisse disparaître de la société sans que personne s'en préoccupe. S'il n'en était pas ainsi, elle ne pourrait pas être séquestrée sans opposition, ou sa liberté serait immédiatement réclamée. C'est dans l'intérêt même de l'aliéné que l'on n'a pas voulu restreindre le nombre des personnes qui peuvent lui faire donner des soins quelquefois urgents, et il y aurait peut-être quelques inconvénients à admettre des restrictions.

En réalité le danger signalé n'est pas moins grand quand la demande est formée par un parent; le plus grand nombre des séquestrations arbitraires que l'on peut citer, ont été provoquées par des membres des familles des prétendus aliénés. C'est dans la famille que naissent le plus souvent les intérêts et les passions que peut favoriser une séquestration (1). S'il y a des précautions à prendre contre les dangers d'une demande de séquestration méchamment ou imprudemment formée, il faut les appliquer aux demandes des parents comme à celles des personnes qui n'ont avec l'aliéné que des relations d'amitié ou de société.

Les précautions que l'on a indiquées seraient : 1° l'interdiction préalable (2); ou au moins une délibération du conseil de famille; 2° la remise de la demande à un fonctionnaire public qui ordonnerait la séquestration sous sa responsabilité; ou au moins un *visa* du maire ou du commissaire de police du domicile de l'aliéné, constatant que l'autorité locale a été prévenue et qu'elle a pu s'informer (3).

Une première objection générale est faite par les médecins aliénistes. En se préoccupant outre mesure, disent-ils, des atteintes possibles à la liberté individuelle, on oublie la maladie mentale qui, dans le plus grand nombre des cas, deviendra incurable pendant que l'on perdra un temps précieux à remplir des formalités le plus souvent inutiles.

A la nécessité de l'interdiction préalable, ils opposent de plus que la loi civile la restreint à des cas graves et spéciaux, et qu'elle ne pourrait sans de graves inconvénients être étendue à tous les

(1) Les deux faits de séquestration arbitraire sous prétexte d'aliénation mentale les mieux établis que je connaisse, sont la séquestration d'une mère par sa fille et d'un mari par sa femme. Dans le premier cas on voulait empêcher la mère de dissiper sa fortune; dans le second la femme voulait se débarrasser d'un mari jaloux. Ce dernier fait s'est passé en Angleterre en 1862, les détails en sont curieux; on les trouvera dans le *Galignani's Messenger* du 16 décembre 1862, qui reproduit un article du *Times* intitulé : *English lettre de cachet. — The late lunacy case, Hall V. Simple.*

(2) L'interdiction était exigée avant la loi de 1838, mais seulement pour les séquestrations d'office; on n'a jamais opposé aux familles la nécessité d'une interdiction pour faire traiter un aliéné dans une maison de santé. En Hollande, elle est exigée dans certains cas (V. p. 80).

(3) On a encore demandé qu'aucun aliéné ne pût être séquestré sans avoir comparu devant un jury.

degrés de l'aliénation mentale. On ne peut guérir la folie qu'en la traitant immédiatement et à son début. Si l'on est obligé d'attendre que la maladie ait fait assez de progrès pour que l'interdiction puisse être prononcée, il sera presque toujours trop tard pour sauver le patient. Consulter le conseil de famille entraîne encore une perte de temps, et l'on n'en peut espérer aucun résultat (1); quel est le conseil de famille qui oserait prendre sur lui la responsabilité de s'opposer à un traitement déclaré nécessaire par des médecins et par les personnes qui vivent journellement avec l'aliéné? Il ne pourra que s'en rapporter à ces personnes et aux certificats qui lui seront produits. L'interdiction et la convocation d'un conseil de famille auraient encore, dit-on, une autre conséquence fâcheuse, elles donneraient à l'aliénation à son début, et quand la guérison est encore possible, une publicité qui peut compromettre la situation de l'aliéné et de sa famille.

Il ne faut pas s'exagérer la portée des arguments tirés de la nécessité d'un traitement prompt et du secret nécessaire dans l'intérêt de l'aliéné. La folie est rarement foudroyante; lorsque des parents ou des amis se décident à demander la séquestration, il y a longtemps ordinairement qu'ils sont avertis de l'aliénation par ses développements successifs, et ils peuvent sans danger prendre tout le temps nécessaire pour remplir des formalités légales. Il serait d'ailleurs admis des exceptions pour les cas urgents. Quant au secret, même sous la législation actuelle, il n'est jamais conservé d'une manière absolue : il n'existe plus, pour toutes les personnes en relations habituelles avec l'aliéné, dès que l'aliéné a été conduit dans une maison de santé, qu'il y séjourne et que son absence se prolonge. Cependant les objections concernant la nécessité de l'interdiction ou d'une délibération du conseil de famille sont sérieuses et méritent d'être prises en considération. La seule mesure utile et peut-être indispensable à prendre dans cet ordre d'idées serait, lorsque l'aliéné a été interdit avant la séquestration, d'exiger l'exécution des dispositions de l'article 510 du Code civil, et de laisser au conseil de famille le droit de statuer dans ce cas sur la nécessité d'une séquestration.

(1) Dans la discussion de la loi de 1838, M. Vivien objectait qu'un aliéné pouvait ne pas avoir de parents et il en concluait que, dans ce cas, une loi qui ordonnerait de consulter le conseil de famille ne pourrait pas être exécutée, et créerait une difficulté insoluble. S'il n'y avait pas d'autres motifs il ne faudrait pas s'arrêter à cette objection. A défaut de parents un conseil de famille peut être composé d'amis de l'aliéné ou de personnes ayant avec lui des relations habituelles (argum. art. 409, C. civ.).

Les médecins aliénistes accepteraient sans trop de résistance, tout en la déclarant superflue, l'obligation du *visa* de la demande, qui peut être obtenue sans perte de temps d'une des autorités de la commune de la résidence de l'aliéné. Mais ils résistent à la demande de l'intervention d'un fonctionnaire public quelconque sans l'ordre duquel aucune séquestration ne pourrait avoir lieu. Aux objections du danger des délais et de la nécessité du secret, ils ajoutent que cette intervention serait inutile et impraticable; qu'un fonctionnaire public quel qu'il soit est incapable de juger par lui-même si l'aliénation existe et quel est le traitement qu'elle exige; que le nombre des demandes est tellement considérable, qu'il y aurait une impossibilité matérielle pour des fonctionnaires déjà occupés d'autres affaires, de suffire aux enquêtes; qu'il y aurait de graves difficultés d'exécution quand la résidence des aliénés serait éloignée de celle du fonctionnaire compétent; que si, comme on l'a aussi proposé, on créait des commissions locales spéciales, les dangers signalés seraient augmentés de toutes les difficultés de la composition des commissions et s'aggraveraient des inconvénients inhérents à un corps délibérant; qu'enfin la question a déjà été discutée et définitivement jugée à l'occasion de la loi de 1838.

On répond qu'en 1838, on a pu se tromper sur l'utilité de certaines garanties dont l'expérience a depuis démontré la nécessité; que l'intervention d'un fonctionnaire public dans toutes les séquestrations a été depuis longtemps expérimentée en Écosse, en Hollande (1) et dans une certaine mesure en Angleterre (2), et l'on n'a eu qu'à s'en louer; qu'ici le danger des délais et de la publicité peut être facilement prévenu par quelques mesures d'ordre. On fait observer qu'il ne s'agit pas de rendre le fonctionnaire l'unique arbitre de la séquestration. Lorsque des médecins ont délivré une attestation que l'aliénation existe et qu'il y a nécessité de séquestrer le malade, il reste à examiner si cette attestation est suffisamment motivée, et s'il y a lieu de l'admettre ou de compléter l'information par une enquête. Renfermée dans ces termes l'utilité de l'intervention d'un fonctionnaire public n'est pas contestable. Quant à la prétendue impossibilité matérielle de faire des enquêtes sur toutes les demandes, ce n'est pas une objection sérieuse. Dans le plus grand nombre des cas il suffira

(1) Pour la Hollande voir pages 80 et suiv ; pour l'Écosse, pages 97 et 98.

(2) Pour les aliénés pauvres, et même pour les aliénés non-indigents lorsqu'ils ne sont pas convenablement traités dans leurs familles (voir pages 14, 34 et 36). Dans le projet de loi de 1837, l'article 1 exigeait l'intervention du préfet dans toutes les séquestrations volontaires, lorsque l'aliéné n'était pas interdit.

d'une simple vérification sommaire facile et prompte, l'enquête n'est indispensable que dans les cas douteux, qui ne dépassent pas un chiffre relativement peu élevé à répartir sur toute la France (1).

L'intervention obligée d'un fonctionnaire public étant admise en principe, il resterait à décider s'il serait pris dans l'ordre judiciaire ou dans l'ordre administratif. L'ordre judiciaire, a-t-on dit, présente plus de garanties; son organsation se prête mieux à un contrôle réel et sérieux. On a proposé de confier le soin d'ordonner les séquestrations ou aux membres du parquet, ou au président statuant sur requête, ou aux juges de paix. Je ne puis qu'indiquer cet ordre d'idées; je serais entraîné trop loin si j'entrais dans les détails; je ferai seulement remarquer que, si l'on adopte le principe, on en trouvera d'utiles applications pratiques dans les législations étrangères et principalement dans la loi anglaise, qui peut être prise pour modèle surtout dans la latitude qu'elle laisse au magistrat pour l'appréciation de l'opportunité et du mode des constatations à faire.

Les placements d'office par les préfets et, à Paris, par le préfet de police, présentent plus de garanties que les placements volontaires, on le reconnaît généralement. Cependant ils sont aussi l'objet de défiances qui ont été assez vivement exprimées. Les placements d'office, ainsi que l'opposition à la sortie des aliénés volontairement placés, ne sont autorisés qu'à l'égard des aliénés qui compromettraient l'ordre ou la sécurité publique; mais la loi n'a pas défini à quels signes on reconnaîtrait que la sécurité publique est réellement compromise. Il en résulte qu'on s'en rapporte au dire des médecins qui déclarent un aliéné *dangereux*. La plupart des médecins aliénistes modernes déclarant que tous les aliénés sont dangereux, le droit de séquestrer d'office n'a pas de limites

(1) Il est admis annuellement en France, dans les établissements publics et privés de 10 à 12.000 aliénés, sur lesquels environ 3,000 entrent dans les établissements du département de la Seine. En admettant la proportion déjà indiquée (note 2, page 124), pour les cas douteux, de 5 p. 100 pour les départements et de 10 p. 100 pour Paris, on aurait au plus 600 enquêtes pour toute la France, dont 300 pour Paris seul. Mais ces chiffres sont beaucoup trop élevés, parce qu'il faut déduire du chiffre total les aliénés pauvres et les aliénés enfermés d'office pour lesquels, même sous la loi de 1838, il est toujours fait une enquête. Ils entrent dans le chiffre total pour une proportion considérable. Ainsi du 1er mai 1867 au 30 avril 1868, sur 3,135 individus séquestrés à Paris, 2,500 l'avaient été en vertu d'ordres du préfet de police agissant d'office. En prenant la proportion de 1 p. 100 sur les 635 aliénés restants, on n'aurait pas eu plus de sept enquêtes, pour des cas douteux; ce chiffre est assez élevé pour démontrer la nécessité d'un contrôle, mais il ne peut entraîner aucun embarras d'exécution.

en réalité, et devient un pouvoir presque arbitraire confié sans contrôle à l'autorité administrative. C'est d'autant plus grave, dit-on, que ce pouvoir n'est pas, et ne peut pas être exercé directement par le haut fonctionnaire auquel la loi l'attribue ; il ne l'exerce que par des intermédiaires, non autorisés par la loi, qu'il couvre de sa responsabilité. On demande que les cas où la séquestration d'office et l'opposition à la sortie pourront être ordonnés, soient mieux définis (1); que le pouvoir de l'administration soit restreint à des mesures provisoires, et que le droit définitif d'ordonner la séquestration soit réservé à l'autorité judiciaire.

Les avantages de la translation à l'autorité judiciaire du pouvoir donné aujourd'hui à l'autorité administrative sont contestés. On n'y voit qu'un déplacement inutile de la responsabilité des séquestrations, déplacement qui n'ajouterait rien aux garanties et même les diminuerait. Aujourd'hui, dit-on, l'autorité administrative ne statue qu'en premier ressort; le recours à l'autorité judiciaire reste toujours ouvert. Si l'autorité judiciaire statuait au début, il y aurait un degré de juridiction de moins. On allègue d'ailleurs que les formes judiciaires ne se prêtent pas à la mission que l'on veut donner aux magistrats et qu'elles entraîneraient de graves inconvénients.

Il faut reconnaître que l'on exagère les dangers du système actuel. Il n'est pas sans exemple qu'on ait séquestré d'office des aliénés non dangereux, au lieu de suivre les formes ordinaires; que quelquefois on ait abusé du droit de séquestrer d'office, pour assurer un asile et des secours à des individus qui auraient dû rester dans leurs familles; mais on n'a pas cité jusqu'à présent un seul cas où un individu *non aliéné* aurait été séquestré par ordre de l'administration. Ceci dit, je dois ajouter que si la séquestration se réduisait à rechercher les avantages ou les inconvénients pratiques de la substitution du pouvoir judiciaire au pouvoir administratif, il faudrait reconnaître que les objections contre l'action du pouvoir judiciaire ne sont pas aussi sérieuses qu'on paraît le croire. Il ne s'agit pas de

(1) La loi porte, articles 18 et 21 : « Toute personne dont l'état d'aliénation compromettrait l'ordre public et la sûreté des personnes ; » et article 19, « en cas de danger imminent attesté par un certificat de médecin ou la notoriété publique. » La loi anglaise est plus précise, elle veut que l'aliéné « ait été découvert et arrêté (*discovered and apprehended*) dans des circonstances qui dénotent un dérangement d'esprit et l'intention (*purpose*) de commettre un crime pour lequel, s'il était commis, il pourrait être traduit en justice » (1, 2 vict. c. 14, s. 2). La loi écossaise n'est pas moins précise, elle ne permet d'arrêter l'aliéné que : « lorsqu'il est accusé (*charged*) d'attaque ou d'autre délit mettant en danger un citoyen, ou quand il est trouvé (*found*) dans un état qui peut faire craindre un danger pour les citoyens, ou un état qui blesse la décence publique. »

déférer à un tribunal l'examen de la nécessité de la séquestration de chaque aliéné et de lui faire rendre un jugement; mais simplement de charger des fonctionnaires de l'ordre judiciaire des fonctions que remplit aujourd'hui l'administration. Les magistrats feraient, sans publicité et sans les formes solennelles que l'on suppose, ce que ne peut faire le préfet. Ils examineraient eux-mêmes l'affaire qui leur serait renvoyée par l'administration; ils compléteraient ou feraient compléter l'information si elle ne leur paraissait pas suffisante; dans les cas douteux, ils feraient procéder à un nouvel examen médical, et au besoin ils verraient et interrogeraient l'aliéné; en un mot, avec leurs habitudes judiciaires, ils ne statueraient qu'après *une conviction personnelle* acquise. C'est une garantie sérieuse. La magistrature française pourrait suffire à cette tache comme y suffisent les magistrats de l'Angleterre, de l'Écosse, de la Hollande (1). Il n'est pas exact de dire qu'il y aurait un degré de juridiction de moins; il y en aurait un de plus. On aurait : l'administration qui agirait provisoirement, le magistrat qui statuerait et le tribunal auquel on pourrait appeler de la décision du magistrat.

Dans l'état actuel des choses, à Paris, tout aliéné considéré comme dangereux est amené au dépôt de la préfecture et la séquestration n'est ordonnée qu'après une enquête faite par les commissaires de police et l'examen d'un médecin spécial attaché au dépôt. On critique l'examen médical fait par *un seul médecin*, et la séquestration provisoire des aliénés au dépôt, dans le même bâtiment que les individus arrêtés pour crimes et délits. On insiste pour la création d'un bureau spécial d'examen et d'admission, où seraient organisés les moyens de traitement provisoire qui manquent au dépôt (2). La création de ce bureau est nécessaire, quelle que soit

(1) La proportion des aliénés séquestrés est notablement moins forte en France qu'en Angleterre et en Écosse. En 1868, on a eu : en France, un aliéné séquestré sur 1,021 habitants; en Angleterre, un sur 653; en Écosse un sur 564, c'est presque le double (M. le docteur Lunier, Augment. progres. des aliénés).

(2) J'ai dit (page 67) qu'il a été créé à Paris un bureau d'admission, annexé à l'hospice Sainte-Anne; il y aurait à le régulariser et à lui donner les développements suffisants pour qu'il puisse suffire au service de la préfecture de la Seine et au service de la préfecture de police qui sont distincts. Cette nécessité avait été reconnue et constatée par M. Ferdinand Barrot, grand référendaire du Sénat, dans le rapport déjà cité page 120, note 1. « Aujourd'hui, dit-il, les aliénés ramassés sur la voie publique « ou arrêtés sur la dénonciation de la famille ou des voisins, sont amenés à la pré- « fecture de police, enfermés et privés des soins urgents et spéciaux que réclame, « au début, leur infirmité. Les médecins entendus dans la commission s'accordent à « dire que cette première et cruelle station exerce une influence quelquefois funeste « sur le cours de la maladie. Ils ont accueilli avec une satisfaction marquée le pro-

l'autorité chargée de statuer sur les séquestrations d'office. Aujourd'hui un des motifs sur lesquels on se fonde pour demander que le droit de placement d'office soit conservé à l'administration, est la nécessité d'une décision prompte, parce qu'au dépôt l'aliéné ne peut recevoir aucun des soins qui lui sont nécessaires.

§ 4. — Garanties contre la prolongation inutile des séquestrations. — Sorties après ou avant la guérison. — Inspection. — Sortie des incurables.

Il ne suffit pas d'exiger des garanties au moment où la séquestration est ordonnée. Le véritable danger, le danger le plus fréquent de séquestration arbitraire ne se produit le plus souvent qu'après la séquestration.

La séquestration arbitraire, sous prétexte d'aliénation mentale, d'une personne en pleine jouissance de ses facultés intellectuelles, est, il faut le reconnaître, sinon impossible au moins bien difficile même dans l'état de la législation actuelle. Tout ce que l'on peut raisonnablement craindre, c'est qu'on ne profite, pour obtenir une séquestration, d'un trouble accidentel et passager de la raison qui pourrait être confondu avec la folie ou la faire considérer comme imminente. Si ce trouble est léger, en prenant des précautions suffisantes avant la séquestration, on pourra reconnaître l'erreur; mais ce trouble peut être assez grave, assez caractérisé, assez prolongé pour que, sans malveillance et sans calcul coupable et malgré toutes les précautions légales, un individu soit séquestré comme aliéné, quoique en réalité son intelligence ne soit pas sérieusement atteinte; il peut arriver aussi que l'aliénation existant au moment de la séquestration ne soit que momentanée, ou enfin que par l'effet du traitement et de la séquestration elle-même, il y ait guérison. Dans tous ces cas, la séquestration qui se prolonge inutilement est une séquestration arbitraire, une atteinte grave à la liberté individuelle. On doit même aussi considérer comme une séquestration arbitraire la séquestration de tout incurable qui peut sans danger pour lui ou pour les autres être laissé libre.

S'il est difficile de protéger les aliénés présumés contre une séquestration arbitraire avant l'entrée dans un établissement, il l'est

« jet d'un bureau où les admissions provisoires pendant l'accomplissement des for« malités légales, se feraient dans les conditions que nous venons d'exposer. La « dignité des familles et des individus serait plus respectée par une hospitalité pru« dente et discrète, que par cette sorte de détention, toujours équivoque et blessante, « dans l'enceinte d'une prison. » (Procès-verbaux de 1860, page 279).

encore bien plus de les protéger contre une prolongation inutile d'une séquestration commencée.

Le droit de décider s'il y a guérison et si en conséquence la mise en liberté doit être ordonnée, est laissé par la loi de 1838 à l'appréciation des médecins directeurs des établissements. Le soin de faire cesser la prolongation de la séquestration lorsqu'elle est inutile, est abandonné aux tuteurs des interdits et aux familles; la loi ne s'en est pas préoccupée.

En ce qui concerne la constatation de la guérison, les adversaires de la loi objectent que les médecins directeurs des établissements placés dans un milieu qui les rend défiants, peuvent ne pas toujours la reconnaître quand elle existe; que, s'ils la reconnaissent, ils peuvent ne pas se hâter assez d'ordonner la mise en liberté soit par intérêt, si l'aliéné paye pension (1), soit par crainte d'une erreur ou d'une rechute, qui jusqu'à un certain point engageraient leur responsabilité.

En ce qui concerne la prolongation de la séquestration lorsqu'elle est devenue inutile, ils font remarquer qu'en laissant aux familles et au tuteur seuls le droit de faire sortir l'aliéné non guéri, on le met à la discrétion précisément des personnes dont le plus souvent l'intérêt est de maintenir la séquestration, soit parce qu'elles veulent jouir sans contestation et sans contrôle de la fortune de l'aliéné, soit parce qu'elles trouvent des avantages dans son éloignement.

Les défenseurs du *statu quo* répondent : que la vigilance de la famille et des amis stimulera l'inertie du médecin directeur s'il tarde trop à constater la guérison; qu'il reste toujours à la famille le droit de retirer l'aliéné, si elle est en dissentiment avec le directeur sur l'opportunité de la mise en liberté; que, si l'on se défie aussi de la famille, à son défaut les amis de l'aliéné ou même seulement les personnes intéressées, peuvent, dans les cas de placement d'office, s'adresser au préfet, ou dans tous les cas aux tribunaux, pour faire constater la guérison et obtenir la sortie; qu'étant admise l'inaction de la famille ou des tiers, l'aliéné lui-même peut s'adresser aux au-

(1) Cette supposition est une de celles qui ont le plus vivement blessé la susceptibilité des directeurs des établissements privés, qu'elle atteint plus particulièrement. Je dois la reproduire puisque je résume ce qui a été dit. Je constate avec plaisir que pour tous les directeurs que je connais, elle est inadmissible; j'admets qu'elle est inadmissible aussi pour tous les directeurs actuellement en fonctions, mais j'ajoute qu'ils sont peut-être imprudents de se porter garants de tous les directeurs passés et futurs. Un législateur doit se préoccuper non-seulement de ce qui existe, mais de tout ce qui est possible.

torités compétentes; qu'enfin les fonctionnaires que la loi a chargés de visiter les établissements, ont qualité pour provoquer la mise en liberté des aliénés dès qu'ils sont guéris, et qu'ils ne manqueraient pas à ce devoir.

D'un autre côté la mise en liberté avant la guérison complète, est déclarée dangereuse dans tous les cas par les médecins aliénistes. Pour les aliénés encore curables, elle compromet, suivant eux, la guérison. L'aliéné le plus calme dans un établissement, celui dont l'état mental s'est le plus amélioré et qui semble le plus apte à reprendre sans inconvénient la vie commune, aura ordinairement des rechutes, parce que dans sa famille, il ne trouvera ni l'appui, ni la surveillance, ni l'autorité qui sont indispensables pour le maintenir. Pour les incurables, ils constatent que dans les familles les aliénés ne trouvent pas généralement toute l'affection et tout l'intérêt auquel ils auraient droit et qu'en les y renvoyant on leur prépare, dans le plus grand nombre des cas, une existence misérable. Ils ajoutent que la maladie de l'incurable comme celle de l'aliéné curable, court le danger de s'aggraver par le défaut de soins, ou même seulement par l'absence d'une direction ferme imposant une règle à suivre, et par une liberté absolue.

A ces raisons, dont quelques-unes ne manquent pas de gravité, on oppose qu'elles sont insuffisantes pour faire maintenir l'état actuel des choses.

On ne peut, dit-on, invoquer l'affection des familles comme une garantie que la déclaration de guérison sera hâtée, au moment où l'on reconnaît que cette affection est diminuée par l'aliénation elle-même, alors qu'il n'est pas douteux que l'aliéné est une lourde charge et un embarras, et que sa mise en liberté est souvent en opposition avec les intérêts des personnes qui devraient la demander.

La ressource du recours aux tribunaux laissée aux tiers est illusoire. Qui consentira jamais à s'engager dans un procès et à s'exposer à l'inimitié et aux ressentiments d'une famille, pour obtenir un examen dont le résultat est toujours douteux? Depuis que le droit des tiers est inscrit dans la loi, il n'y a pas d'exemple que personne en ait usé.

Le droit qu'on attribue à l'aliéné lui-même de demander la cessation de sa séquestration aux tribunaux est, dans la pratique, entouré de difficultés. D'abord il n'existe pas pour l'aliéné interdit; la loi, par une exception que l'on voudrait voir disparaître, dit expressément qu'en cas d'interdiction la demande ne pourra être formée que par le tuteur, c'est-à-dire, précisément par la personne qui peut avoir le plus d'intérêt à ne pas la former. Le droit d'agir est donné à l'aliéné non interdit, mais il ne peut pas le plus souvent l'exercer. La loi a oublié de réglementer le droit de visite. En Angleterre, les *commissionners in lunacy* peuvent autoriser les tiers à pénétrer jusqu'à l'aliéné malgré l'opposition de la famille et des directeurs (1). En France, on peut l'empêcher de communiquer avec les personnes sans l'assistance ou le conseil desquelles il n'oserait et ne pourrait intenter son action. Il n'est pas même certain que les lettres qu'il leur écrirait leur parviendraient; la correspondance privée des aliénés ne jouit d'aucune protection. Il reste à l'aliéné la faculté de s'adresser au préfet ou au procureur impérial. Cette faculté est précieuse et doit être conservée; mais elle ne peut pas seule répondre à toutes les objections. D'ailleurs les réclamations adressées à ces fonctionnaires, ainsi que les demandes de mise en liberté portées devant les tribunaux, ne doivent être que des exceptions très-rares; on ne peut pas les considérer comme un mode de libération qui puisse être employé d'une manière normale et habituelle. Il faut chercher d'autres garanties d'un usage plus facile dans la pratique.

On peut, comme en Écosse, donner *à tous* (2) le droit de faire constater la guérison par des médecins étrangers à l'établissement et dire que sur le vu de cette constatation, la mise en liberté sera ordonnée ou par le président du tribunal civil, ou par le procureur impérial, ou par tout autre fonctionnaire que l'on jugera convenable, sous réserve du droit d'opposition de la famille ou de l'autorité qui a ordonné la séquestration.

On peut encore, comme en Hollande et en Écosse (3), n'admettre des séquestrations que pour un temps limité, et obliger, à chaque période de renouvellement, de constater l'état mental par de nouveaux certificats de médecins, par un interrogatoire et une enquête dirigée par les fonctionnaires autorisés à ordonner les séquestrations, ou par la justice.

Enfin, comme en Angleterre et en Écosse, des commissaires inspecteurs pourraient être institués avec la mission de veiller sans

(1) Voir page 28.

(2) Quelques aliénistes repoussent le droit donné *à tous* de provoquer la sortie de l'aliéné dans la crainte de « machinations » contre l'aliéné ou les familles. Ce danger est prévenu en Écosse par l'intervention du shériff ou des *commissioners*, et l'obligation de faire approuver par eux le choix des médecins qui doivent visiter l'aliéné (Voir pages 100 et 101). La même précaution pourrait être prise en France.

(3) Voir pour la Hollande page 82, pour l'Écosse, page 98.

cesse sur les maisons d'aliénés, avec pouvoir d'ordonner la sortie de tout aliéné séquestré *sans cause suffisante.*

Les inspections, telles qu'elles sont organisées aujourd'hui en France, ne sont pas une garantie sérieuse contre les séquestrations arbitraires. Je l'ai déjà dit : les seuls fonctionnaires qui fassent des inspections régulières sont les procureurs impériaux et quelques présidents des tribunaux civils. Mais alors même qu'on exigerait (1) que les autres fonctionnaires désignés par la loi, fissent aussi dans les établissements publics et privés des visites fréquentes, cela serait insuffisant et, il faut le reconnaître, à peu près sans utilité. Le président d'un tribunal d'arrondissement, homme consciencieux et capable, auquel j'avais demandé des renseignements sur les résultats des visites faites par lui pendant plus de vingt ans dans un établissement public important, me répondait : « Le procureur « impérial et moi nous faisions les visites sans beaucoup d'intérêt « et de profit pour les détenus; car si nous en trouvions qui nous « paraissaient raisonnables, le directeur ou le médecin, qui nous « accompagnaient toujours, ne manquaient pas de parler d'inter- « valle lucide, de folie tranquille, de folie dissimulée, etc., etc. Le « dernier mot leur restait nécessairement et nous ne pouvions le « plus souvent que nous taire et gémir. » C'est en effet uniquement à ce triste résultat que, par la force des choses, aboutissent toutes les visites des fonctionnaires publics. Pour qu'elles devinssent efficaces, il faudrait qu'elles fussent faites avec l'assistance de médecins, comme en Hollande et en Belgique; qu'elles fussent plus fréquentes et au besoin plus prolongées, et que toute visite fût suivie d'un rapport circonstancié. Cette réforme détournerait de leurs fonctions des fonctionnaires dont tous les instants doivent être consacrés à d'autres services publics, et de ce point de vue elle est peut-être impraticable. On atteindrait sans inconvénients et plus sûrement peut-être encore, le même but, en organisant l'inspection sur de nouvelles bases.

En comparant la législation anglaise et la législation française, j'ai déjà dit combien est défectueuse et insuffisante l'organisation

(1) Dans la discussion de la loi de 1838, certains députés avaient très-vivement soutenu que la fréquence des inspections pouvait être fatale aux aliénés et entraver leur guérison. On était alors sous la préoccupation que l'isolement et la séquestration devaient être absolus. Le ministre avait en quelque sorte pris l'engagement que les fonctionnaires désignés par la loi useraient très-sobrement de leur droit, et, par suite de cet engagement, il n'avait rien fait pour régulariser et stimuler les inspections. Depuis on a suivi la routine.

actuelle en France (1). L'inspection a deux objets : 1° la régularité de l'administration des établissements publics, les conditions hygiéniques, les soins médicaux dans les établissements publics et privés ; 2° la constatation du fait que toutes les conditions prescrites par la loi sont remplies et qu'aucun individu non aliéné n'est séquestré. Le premier de ces objets est peut-être aujourd'hui suffisamment rempli, le second ne l'est pas ; il ne peut pas l'être par de simples délégués sans pouvoirs sérieux, tels que sont aujourd'hui les inspecteurs généraux, dans des visites de tournées prévues à l'avance, visites si rares qu'ils ne voient pas toujours chaque aliéné une fois par an. Le jour où l'on voudra que l'inspection devienne une garantie sérieuse contre les abus et contre tout danger de séquestration arbitraire, il faudra, prenant pour modèle l'organisation de l'inspection en Belgique et surtout en Angleterre (2) : 1° instituer une inspection dans chaque département ; 2° placer au-dessus des inspections de chaque département une inspection générale dont l'action s'étendrait sur toute la France ; 3° donner aux inspecteurs et surtout aux inspecteurs généraux des pouvoirs étendus, notamment le droit de visite illimité, le droit d'enquête et le droit de mettre en liberté les aliénés détenus sans cause suffisante ; 4° centraliser entre les mains des inspecteurs généraux, réunis en conseil, tout le service des aliénés, tous les documents ; et les charger de l'étude de toutes les questions pratiques, sous la surveillance et la direction du ministre de l'intérieur ou du ministre de la justice ; 5° imposer au conseil des inspecteurs généraux l'obligation de faire, chaque année, sur toutes les parties du service, un rapport qui devrait être soumis par le ministre aux chambres législatives et rendu public.

Les inspecteurs généraux sont aujourd'hui exclusivement choisis parmi les médecins. On proposerait de leur adjoindre, comme en Angleterre, en Écosse et dans le Wurtemberg (3), des hommes de loi ou des personnes qui seraient complétement désintéressées du point de vue médical et seraient à l'abri de toute prévention et de tout système. Outre le droit de visite illimité, pour prévenir tout relâchement et toute négligence, on devrait augmenter le nombre des visites obligatoires. Dans la discussion de la loi de 1838, on avait autant que possible restreint le nombre des visites, parce

(1) Voir pages 64 et suiv.

(2) Voir pour l'inspection en Angleterre, pages 15, 25 et suiv. ; en Écosse, page 97 ; en Belgique page 88.

(3) Voir pour le Wurtemberg, page 105.

qu'on avait fait craindre que des visites fréquentes ne nuisissent à la santé des aliénés. L'expérience anglaise et belge a prouvé que ces craintes sont chimériques (1).

Que l'on en soit bien convaincu, quelles que soient les garanties légales, elles resteront sans efficacité s'il n'est pas organisé une inspection qui ait pour devoir de veiller sans cesse à l'exécution de la loi. « Si les asiles d'aliénés n'étaient plus soumis à l'inspec- « tion, écrit dans un de ses rapports (2) la commission permanente « de Belgique, il s'écoulerait bien moins de temps pour y rame- « ner, au moins dans beaucoup d'entre eux, les abus qui existaient « précédemment, qu'il n'en a fallu pour atteindre le degré d'amé- « lioration auquel ils sont parvenus. » L'opinion des Anglais n'est pas moins formelle. « Nous avons la certitude, disaient les *com- « missioners* en 1847 (3), que la bonne condition de ces établisse- « ments, et principalement celle des *licensed houses*, est particuliè- « rement due à la surveillance spéciale à laquelle ils sont constam- « ment soumis. Sans compter les cas nombreux où des personnes « séquestrées ont été rendues à la société par l'intervention des « inspecteurs, les aliénés doivent au système actuel de surveillance « des améliorations importantes. » Ils énumèrent ces améliorations et ajoutent (4) : « Ces faits tendent à démontrer combien est avan- « tageuse, bien plus combien est nécessaire la visite fréquente de « tous les asiles. Il est indispensable que le droit de surveillance « existe dans tous les cas; qu'on en investisse des personnes qui « soient complétement étrangères aux établissements; que le nom- « bre des visites ne soit pas limité et que le moment où elles seront « faites ne puisse être prévu; car il est très-important pour les « *patients* que tous les propriétaires et les directeurs soient tou- « jours dans l'attente d'une visite.... Notre propre expérience nous « prouve que si le droit de visite était supprimé, tous les abus ou

(1) Le septième rapport de la commission permanente de Belgique après avoir constaté que les établissements sont soumis à une quadruple inspection : 1° Inspection directe du gouvernement; 2° inspection de l'autorité provinciale et locale; 3° inspection de l'autorité judiciaire de l'arrondissement et du canton; 4° inspection du comité d'arrondissement, ajoute : « On a craint, dans le principe, que le « grand nombre de visites auxquelles les aliénés sont soumis, pourraient donner « lieu à de sérieux inconvénients. L'expérience a démontré que ces craintes n'étaient « pas fondées... Loin de présenter des inconvénients nous considérons les inspec- « tions lorsqu'elles ne sont pas plus multipliées qu'en Belgique (une visite par « mois) comme éminemment utiles. »

(2) Dans le septième rapport déjà cité dans la note précédente.

(3) 1847, *further report* (p. 61).

(4) *Loc. cit.*, page 93.

« le plus grand nombre des abus que les enquêtes parlementaires « de 1815, 1816 et 1827 ont dévoilés, ne tarderaient pas à se repro- « duire. »

Ces observations s'appliquent non-seulement aux asiles publics, mais aussi aux asiles privés (*licensed houses*). En Angleterre, l'inspection fréquente de ces établissements ne soulève aucune réclamation de la part de leurs propriétaires. Je suppose qu'ils l'accepteraient aussi sans difficulté en France, quoique dans un livre récent on ait imprimé : « qu'ils ne reconnaissaient à personne le droit de s'occu- « per du régime intérieur de leurs maisons, et que sous ce rapport « ils ne dépendaient que des familles. » C'est là sans doute une prétention isolée; elle repose sur une grave erreur, sur l'opinion que les familles ont, par le fait de l'aliénation, un droit absolu de disposer de l'aliéné. L'aliéné n'appartient pas plus à sa famille, il n'est pas plus abandonné à sa discrétion que quand il était sain d'esprit. L'aliéné est avant tout placé sous la haute tutelle et sous la protection de la société et de la loi. S'il est abandonné, dans une certaine mesure, à la direction de sa famille, c'est uniquement parce qu'il est présumé que l'affection naturelle entre parents est une garantie qu'il sera traité comme il doit l'être. Mais la société conserve le droit, et c'est pour elle un devoir de veiller sur la manière dont la famille remplit ses obligations naturelles (1).

Loin de s'opposer, dans un sentiment de dignité personnelle mal compris à l'organisation d'une inspection sérieuse qu'aucun des chefs d'établissement ne peut redouter, ils devraient au contraire la solliciter. Le mouvement de l'opinion publique contre la loi des aliénés, doit être attribué en grande partie au secret qui entoure les établissements. S'il était bien constaté que ce secret ne cache que ce qui doit rester caché dans l'intérêt des aliénés et des familles; que des visites, des constatations consciencieuses de l'état réel de la santé des aliénés sont faites à des intervalles rapprochés par des hommes capables, indépendants et complétement désinteressés, l'opinion publique serait bientôt calmée et les préventions contre les établissements s'évanouiraient. Il n'y a pas d'abus, je le veux, mais il faut que pour tous il soit certain qu'il ne peut pas y en avoir et que, s'il s'en produit, ils seront immédiatement réprimés.

La loi de 1838 ne prévoit la cessation *obligée* de la séquestration

(1) En Angleterre et en Écosse les *commissioners* sont autorisés à se faire remettre un état des biens de tout aliéné et des sommes allouées pour leur entretien; de rechercher comment ils sont traités et soignés, et même de s'informer du chiffre des pensions payées aux établissements où ils sont placés.

qu'en cas de guérison; ce n'est pas assez, la séquestration devrait cesser, comme en Angleterre, dès qu'elle n'est plus suffisamment motivée (1).

Au moment où l'aliénation se déclare, l'isolement et la séquestration se justifient par les nécessités du traitement, mais lorsqu'il a été constaté que l'isolement et la séquestration sont restés inefficaces ou que l'aliénation est incurable, si le malade peut être laissé libre sans danger pour les autres et pour lui-même, il ne doit plus être soumis à la séquestration.

C'est peut-être ici qu'est soulevée la question la plus délicate concernant les établissements d'aliénés. Il ne serait pas difficile de trouver dans ces établissements des aliénés inoffensifs dont la séquestration dure depuis plus de vingt ans, et même des personnes dont le nom a eu autrefois quelque retentissement et que l'on croit mortes depuis longtemps. Plusieurs de ces aliénés jouissent d'une fortune considérable; ils auraient pu facilement être conservés et surveillés dans leur domicile sans danger pour personne. Les directeurs des établissements ne peuvent encourir aucun blâme, aucune responsabilité pour avoir gardé ces aliénés. C'est à la loi seule que les reproches peuvent être adressés; elle a trop compté sur l'affection des familles pour les aliénés.

Si l'on ne veut pas aller, comme en Hollande (2), jusqu'à séparer complétement des établissements de traitement et d'essai les établissements de surveillance pour les aliénés réputés incurables, et n'envoyer dans les établissements de surveillance que sur jugements motivés des tribunaux, il faudrait au moins limiter le temps pendant lequel la séquestration ne devrait pas être prolongée sans un nouvel examen de l'aliéné. Ici tombent les objections contre l'obligation de faire prononcer l'interdiction (3), contre l'obligation de consulter les conseils de famille sur le meilleur mode de gestion de la personne de l'aliéné (4). La loi peut les imposer; les délais et la publicité ne peuvent plus compromettre la situation de l'aliéné. Elle doit aller plus loin; elle doit, *même après l'interdiction* (5), ne permettre la séquestration que si elle est démontrée nécessaire,

(1) Voir pour l'Angleterre, page 29; pour l'Écosse, page 100.

(2) Voir page 80.

(3) Voir page 127. Outre les objections qui y sont énumérées, on reproche encore à l'interdiction divers inconvénients assez graves. Elle n'est demandée que parce qu'elle saisit la justice de l'examen de la question d'aliénation. Il serait à désirer que l'on cherchât un autre moyen d'atteindre le même but.

(4) Voir page 128.

(5) Voir le paragraphe suivant page 144

et exiger qu'à des époques périodiques plus ou moins éloignées la nécessité d'une prolongation soit prouvée par des constatations nouvelles.

Mais, dit-on, si vous ne permettez plus la séquestration des aliénés incurables vous compromettez : l'intérêt de la société, à qui vous rendez des aliénés qui peuvent devenir dangereux; l'intérêt des familles, auxquelles on ne peut enlever le droit de soumettre l'aliéné au traitement qui lui paraît le plus convenable; l'intérêt de l'aliéné lui-même, qui hors de l'asile perdra l'amélioration qu'il y a trouvée.

On répond : il ne s'agit pas de déclarer qu'aucun incurable ne doit être séquestré; on reconnaît au contraire que, si la séquestration pouvait être supprimée pour les aliénés curables, elle devrait être conservée pour un grand nombre d'incurables. Ce que l'on veut, c'est seulement que le fait d'incurabilité ne devienne pas un prétexte de séquestration *indéfinie* quel que soit le caractère de la maladie, quelles que soient les circonstances; ce que l'on veut, c'est que tout individu dont la séquestration se prolonge soit examiné, et que les motifs de l'utilité de la prolongation *quels qu'ils soient* soient soumis soit à la justice, soit à une autorité compétente qui les appréciera et prononcera.

Le premier résultat des mesures demandées serait de constater que le prétendu incurable est resté aliéné, et de le tirer de l'oubli. La société et sa famille seraient obligées après un certain laps de temps de s'occuper sérieusement de lui; c'est déjà beaucoup.

D'un autre côté, l'intérêt de la société serait suffisamment sauvegardé par le maintien de la séquestration non-seulement des aliénés reconnus dangereux, mais de tous ceux que le caractère de leur aliénation ne permet pas de laisser jouir même d'une liberté limitée (1). On ne peut pas aller plus loin. Personne n'accepterait une loi qui ordonnerait que tout aliéné, sans distinction, sera renfermé et séquestré. C'est précisément le résultat auquel conduit pour des milliers d'aliénés, le silence actuel de la loi sur la prolongation indéfinie des séquestrations. Il n'est pas sans utilité d'ailleurs de faire remarquer quant au prétendu danger que courrait la société, qu'un nombre très-considérable d'aliénés ne sont pas séquestrés (2); c'est la preuve que le danger n'est pas si grand qu'on se plaît à le sup-

(1) Par exemple tous ceux qui sont exclus de la colonie de Gheel, voir page 91.

(2) J'ai dit, page 119, note 2, que le nombre des aliénés à domicile était de 54,707 en 1869. A la même époque, le nombre des aliénés sequestrés n'atteignait que le chiffre de 36,00?.

poser. Parmi ces aliénés il y en a qui sont moins inoffensifs que beaucoup des aliénés que l'on tient séquestrés. Il ne faut pas que la tentative qui a été faite pour les guérir, autorise leur détention perpétuelle.

J'ai dit plus haut ce que je pense de l'intérêt des familles quand il est en opposition avec celui de l'aliéné (1); il n'est ici que secondaire et il doit rester subordonné à l'intérêt de l'aliéné. La séquestration doit cesser dès qu'il est démontré qu'elle n'est pas nécessaire; qu'elle n'est maintenue que pour satisfaire aux convenances de la famille, et que la fortune personnelle de l'aliéné permet de le traiter et de le surveiller dans des conditions moins pénibles pour lui.

D'ailleurs, si la loi était modifiée dans ce sens, on trouverait bientôt le moyen de tout concilier dans la pratique. Une des solutions possibles serait très-simple, elle consisterait à créer, à côté des maisons de séquestration, des maisons de santé *ouvertes* où seraient reçus les aliénés qui peuvent sans danger ne pas être séquestrés. Le principe de ces maisons existe dans l'établissement de Gheel (2). Pour en faire l'application il suffirait de conserver l'infirmerie avec le règlement un peu modifié, et de substituer aux *hôtes* et aux *nourriciers*, la demeure et les soins dans des quartiers spéciaux sans séquestration (3). Les établissements ainsi constitués pourraient servir à la fois, 1° de maisons d'observation obligées, avant la séquestration, pour les aliénés au début de la maladie; 2° de maisons d'essai, avant la mise en liberté définitive, pour les aliénés que l'on suppose guéris (4); 3° de demeure permanente pour les incurables de certaines catégories, qui trouveraient à l'intérieur et à l'extérieur de la maison, avec la mesure de liberté qu'ils pourraient supporter, tous les soins et toute la surveillance qui peuvent leur être nécessaires. Ces maisons placées dans de bonnes conditions soit à la campagne, soit même quelques-unes à proximité des villes, pour satisfaire à

(1) Page 140.

(2) Les inspecteurs du service des aliénés en Belgique, considèrent l'organisation de Gheel comme éminemment convenable pour les aliénés incurables, et ils recommandent la création d'autres établissements sur cette base comme un moyen de faire cesser l'encombrement des asiles par ces aliénés (7e rapport).

(3) Le docteur Cesare Castiglioni, directeur des asiles pour les aliénés en Italie, pense que l'on pourrait arriver au même résultat en autorisant des familles particulières à recevoir des aliénés, à la condition de demeurer dans un certain rayon des asiles autorisés, dont les directeurs seraient chargés de les surveiller et de les diriger en tout ce qui concerne les soins à donner à l'aliéné. C'est encore une modification du système de la colonie de Gheel (*idee per una legge sugli alienati del dottore* Ces. Castiglioni, *medico direttore dei manicolli provinciali*, etc., 1867).

(4) Pour les mises en liberté à titre d'essai voir : Ecosse, page 102; Bade, page 107.

tous les besoins et à toutes les exigences, seraient un véritable bienfait pour les aliénés. On peut sans crainte d'exagération fixer à un chiffre très-élevé le nombre des individus aujourd'hui séquestrés qui pourraient ainsi, sans danger pour personne, avec avantage pour les familles et pour eux-mêmes, dans les conditions les plus favorables à l'amélioration de leur état mental, circuler librement et se livrer à des travaux soit manuels soit même intellectuels (1).

La question des incurables a une importance toute particulière relativement à l'avenir des maisons de traitement. Le nombre des incurables augmente dans une telle proportion chaque année dans les asiles publics et privés, que l'on peut prévoir le jour où il ne restera plus un lit vacant pour les aliénés curables. On s'en préoccupe déjà très-vivement en Belgique, et il serait temps aussi de s'en préoccuper en France, surtout quant aux asiles publics (2). Dès maintenant il est difficile d'y trouver des places vacantes et ils ne suffisent pas toujours à tous les besoins. Les aliénés incurables sont dignes d'intérêt, mais il ne faut pas qu'ils fassent négliger les aliénés curables pour lesquels principalement les asiles ont été créés.

§ 5. — Gestion de la personne et des biens des aliénés.

On croit généralement qu'il a été largement pourvu à la protection de la personne et des biens des aliénés, parce que le Code civil a assimilé l'aliéné interdit au mineur, parce que la loi de 1838 a donné un administrateur aux biens et un curateur à la personne de l'aliéné séquestré. C'est une grave et déplorable erreur que j'ai déjà signalée en comparant la législation française à la législation anglaise (3).

J'ai résumé ailleurs (4) les droits du tuteur de l'interdit dans la gestion de ses biens. Il peut disposer librement non-seulement du revenu, mais des capitaux mobiliers quelque considérables qu'ils soient. Il n'est astreint à des formalités et à une autorisation que pour aliéner ou hypothéquer les immeubles. Une surveillance ainsi restreinte aux immeubles est illusoire, à une époque où les fortunes même les plus considérables se composent pour la majeure partie de

(1) Voir les exemples cités page 36. En Angleterre plusieurs aliénés écrivent dans les revues et leurs articles ne sont pas les moins bons.

(2) On y a pourvu en Angleterre en appropriant des quartiers pour les incurables dans les *workhouses* et par les traitements à domicile.

(3) Page 74.

(4) Page 48.

valeurs mobilières. Elle est d'autant plus illusoire que le tuteur n'est obligé de rendre compte qu'au moment où finit sa gestion.

Quand le législateur a assimilé complétement en ce point comme en tous les autres l'interdit au mineur, il a oublié que la minorité a une fin prévue, inévitable et le plus souvent très-rapprochée, tandis que malheureusement l'aliénation se prolonge souvent pendant de longues années, souvent durant toute la vie de l'aliéné. Ne demander des comptes au tuteur du mineur qu'à l'expiration de ses fonctions, c'est déjà une imprudence, et cette imprévoyance de la loi a eu, et elle a encore chaque jour pour résultat la ruine d'un grand nombre de mineurs (1); cette imprudence et cette imprévoyance sont encore plus fatales à l'aliéné. Le nombre des fortunes que l'on cite comme ayant été dilapidées est considérable; mais là n'est pas encore le plus grand mal.

C'était déjà trop que la loi civile eût compromis la fortune de l'aliéné en mettant l'honnêteté de son tuteur à une trop rude épreuve; la loi de 1838 a encore aggravé la situation et compromis non-seulement la fortune mais la personne de l'aliéné, en attribuant au même tuteur un pouvoir absolu sur sa personne. Par les dispositions de l'article 510, le Code civil avait réservé une certaine protection à la personne de l'interdit en donnant au conseil de famille le droit d'intervenir dans son placement et dans la décision à prendre sur le mode de traitement. La loi de 1838 a voulu que le tuteur pût ordonner seul que l'interdit serait séquestré; elle est allée plus loin encore, elle a voulu que nulle personne autre que le tuteur ne pût réclamer, même des tribunaux, la liberté de l'aliéné (2).

De cet état de la législation, il résulte que si l'aliéné a un tuteur peu honnête, ce qui malheureusement est trop fréquent, non-seulement il dissipe ou s'approprie la fortune de l'aliéné, mais ce tuteur, à qui seul la loi donne le droit d'ordonner et de faire cesser la séquestration de l'aliéné, a un intérêt direct et puissant à ce que la séquestration soit maintenue et même à ce que la guérison, si elle se produisait, ne fût jamais constatée.

La situation de l'administrateur aux biens est, quoique dans un

(1) Le jour où les législateurs français auront le temps de porter leur attention de ce côté, les lois sur la tutelle seront certainement revisées. Plusieurs des peuples qui ont adopté nos Codes l'ont déjà fait. Dans le cours de cet ouvrage, on en a trouvé plusieurs exemples. Si les jurisconsultes qui ont fait le titre de la tutelle avaient prévu l'importance qu'ont prise les valeurs mobilières dans la fortune publique, ils auraient certainement pris plus de précautions pour garantir la conservation des biens des mineurs et de tous les incapables.

(2) Voir page 55.

moindre degré, à peu près la même que celle du tuteur, au moins quant à la fortune de l'aliéné. La loi porte il est vrai que ses pouvoirs cesseront après trois années ; mais elle porte aussi qu'ils pourront être renouvelés. Il s'est à ce sujet introduit dans les tribunaux un usage peut-être abusif; c'est de presque toujours renouveler les pouvoirs de l'administrateur provisoire à l'expiration des trois ans. On y trouve l'avantage de confier la gestion à une personne qui la connaît déjà, mais on dispense ainsi l'administrateur de rendre des comptes et, en se perpétuant dans la gestion de la fortune, il finit par regarder cette fortune comme sa chose personnelle, et souvent il en abuse (1).

Il paraît indispensable, et même urgent, de restreindre les pouvoirs des tuteurs en ce qui concerne la libre disposition des valeurs mobilières et de les astreindre, ainsi que les administrateurs aux biens, à rendre des comptes à des personnes autorisées et à des époques périodiques rapprochées. C'est ce qui est déjà exigé à peu près partout, excepté en France (2).

La législation anglaise est celle qui a pris le plus de précautions pour assurer la gestion fidèle des biens des aliénés. En Angleterre (3), pour les aliénés *by inquisition*, aucun acte important de gestion ne peut être fait sans le concours des *masters in lunacy* et ils ont le droit à toute époque de demander des comptes aux tuteurs. Pour les aliénés séquestrés ou non séquestrés, la loi donne aux *commissioners in lunacy*, les moyens de s'assurer si la fortune est gérée comme elle doit l'être. En Écosse (3), les *commissioners* peuvent faire nommer un administrateur judiciaire lorsqu'ils le jugent nécessaire, et s'il en a été nommé un et que, suivant eux, il ne remplisse pas convenablement son mandat, ils peuvent lui faire imposer par les cours de session ou par le juge ordinaire toutes les mesures qu'ils jugent convenables. Il y aurait des emprunts utiles à faire à ces législations.

Il serait indispensable aussi quant à la gestion de la personne de l'aliéné, que les pouvoirs du tuteur fussent restreints et qu'une

(1) Entre autres exemples que je pourrais rapporter, on cite un administrateur qui avait tant de regret de se séparer de la fortune par lui gérée, que l'aliéné ayant été mis en liberté par suite de guérison, il refusait de lui donner les moyens de se loger et de se nourrir après sa sortie. Il fallut l'intervention de la justice.

(2) Voir sur l'administration des biens des aliénés : en Angleterre, pages 9, 11, 1 et 30; à Genève, page 80 ; en Hollande, page 84; en Écosse, page 102; en Autriche, page 104 ; à Bade, page 108; à Appenzel, page 110; en Norwége, page 111; en Suède, ages 111 et 112.

(3) Voir aux pages indiquées dans la note précédente.

autorité quelconque fût chargée de le surveiller et de s'assurer que l'aliéné est traité convenablement suivant sa fortune. Il pourrait être obligé, pour toutes les décisions de quelque importance, de prendre l'avis et au besoin l'autorisation soit du conseil de famille, soit des inspecteurs généraux ou départementaux, si l'inspection était réorganisée sur de nouvelles bases. Les inspecteurs rempliraient alors le rôle que remplissent les *masters* en Angleterre (1). Au nombre des décisions que le tuteur ne devrait pas pouvoir prendre seul, il faudrait mettre toutes celles qui sont relatives au choix de l'établissement dans lequel l'aliéné doit être placé, les translations d'un établissement à un autre, et le taux de la pension à payer. Depuis plusieurs années, il se produit en France, très-fréquemment, un abus révoltant. Au commencement de la maladie, le tuteur place l'aliéné dans une maison où, en payant une pension en rapport avec ses revenus, on lui assure des soins et une existence confortable en rapport avec sa position sociale. Après quelques années écoulées, lorsque le tuteur a acquis la certitude de l'incurabilité, il diminue la pension. Si l'aliéné a été placé dans une maison de premier ordre, il le placera dans des maisons de deuxième et de troisième ordre. On cite des aliénés qui d'une pension de 6,000 francs ont été ainsi réduits successivement à une pension de quelques centaines de francs, que le tuteur supprimerait s'il le pouvait. L'aliéné de la fortune duquel il jouit, n'est plus pour lui qu'*une charge*.

Enfin, il y aurait à examiner s'il ne conviendrait pas, à l'imitation encore de l'Angleterre (2), de prendre quelques mesures pour protéger au besoin la personne et les biens des aliénés qui ne sont ni interdits ni séquestrés. Est-il juste, est-il humain de les laisser complétement sans appui? En France, alors même qu'il serait de notoriété publique qu'un aliéné est négligé, ou qu'il n'est pas bien traité, ou que sa fortune est dilapidée, aucun pouvoir n'est autorisé à intervenir. C'est une lacune dans la loi.

Ces simples aperçus suffiront pour prouver qu'envisagée de ce point de vue jusqu'à présent oublié, la question des aliénés n'a pas moins d'importance que du point de vue de l'atteinte possible à la liberté individuelle; et ici il ne s'agit plus d'abus à craindre, mais d'abus qui se produisent chaque jour et vont toujours s'aggravant.

(1) Voir page 9.
(2) Voir pages 13, 87 et 100.

§ 6. — Aliénés détenus, accusés, condamnés ou acquittés.

La loi de 1838 ne contient aucune disposition relativement aux détenus aliénés, accusés, condamnés ou acquittés. C'est peut-être une omission regrettable.

On a demandé que, comme en Angleterre et en Écosse (1), il y eût pour les aliénés de cette catégorie des établissements spéciaux, ou au moins que comme en Belgique, la loi ordonnât qu'ils seraient cantonnés dans des quartiers réservés. Il n'échappera à personne que ces aliénés forment une classe à part dans la classe déjà trop nombreuse des aliénés dangereux. Ils ont ordinairement un degré de perversité plus élevé que les aliénés ordinaires; ils demandent des précautions et une surveillance spéciale. Cette raison suffirait pour ne pas permettre de les séquestrer pêle-mêle avec les aliénés ordinaires. Pour les aliénés condamnés, leur situation spéciale ferait un devoir de convenance de les séquestrer dans des établissements qui leur seraient destinés. On ne peut pas imposer leur société aux aliénés des asiles et transformer un établissement d'aliénés en une prison. Pour les aliénés acquittés, il y aurait une distinction à établir suivant la nature des faits et la perversité des instincts. Il y aurait sur la nature de l'établissement où il conviendrait de les envoyer, une certaine latitude à laisser, comme en Angleterre, soit au pouvoir judiciaire qui prononce l'acquittement, soit à l'administration.

Faudrait-il s'arrêter là? n'y aurait-il pas lieu, comme l'a fait le législateur anglais, de déterminer un certain mode de constatation de l'aliénation des détenus qui subissent une peine, et de prescrire certaines mesures à prendre relativement aux aliénés acquittés ou renvoyés sur ordonnance de non-lieu, comme étant en état de démence. La loi anglaise pourrait peut-être ici être adoptée avec quelques modifications (2).

Un détenu qui subit une peine ne peut être arbitrairement envoyé de la prison dans un asile; il n'y est en effet jamais transféré qu'après un examen ordonné par l'administration. Mais plus d'une fois l'opinion publique a mis en doute les causes de la translation des condamnés dans les maisons de santé; c'était certainement à tort, toutefois ce qui s'est passé en Angleterre relativement au con-

(1) Voir pages 43 et 100.
(2) Voir pages 41, 42 et 100.

damné Townley (1) prouve que les abus ne sont pas impossibles, et, dans l'intérêt de l'administration elle-même et de la justice, il faudrait que les fables absurdes qui circulent même encore aujourd'hui dans le public ne puissent pas avoir cours (2). Un article de loi qui préciserait les conditions dans lesquelles un détenu aliéné pourrait être transféré, et qui donnerait une certaine authenticité à la constatation de l'aliénation ne permettrait plus aucune supposition calomnieuse.

L'état de folie des individus poursuivis pour crimes ou délits qui sont frappés d'aliénation mentale et non jugés, est nécessairement constaté par l'autorité judiciaire, cependant il peut se produire un abus assez grave. Si l'aliénation de la personne détenue préventivement est postérieure aux faits qui motivent les poursuites, elle reste sous le coup de la prévention et ne peut être mise en liberté. Si la folie remonte à une époque antérieure au crime ou au délit, si c'est la démence qui motive l'acquittement ou l'ordonnance de non-lieu, la mise en liberté doit être immédiate. Dans un certain nombre de cas où l'aliénation est très-caractérisée, l'aliéné acquitté ou non poursuivi est mis à la disposition de l'administration qui ordonne d'office la séquestration, mais cela ne se fait pas toujours. Souvent le prévenu est rendu à sa famille, qui agit à son égard comme s'il n'y avait pas eu contre lui des poursuites. Il n'est pas sans exemple que le prétendu aliéné rentre dans la vie commune comme s'il n'avait aucun acte coupable à se reprocher; il est même arrivé que si sa famille voulait le faire séquestrer, il soutenait n'être pas aliéné, et que, s'il était séquestré, il se prétendait victime d'une détention arbitraire. C'est un abus et un scandale, c'est un encouragement à la simulation de la démence. Tout individu coupable d'un crime ou d'un délit, dont le renvoi aurait été demandé et ordonné pour aliénation mentale, soit par un jugement, soit par une ordonnance de non-lieu, devrait par cela même être réputé un aliéné *dangereux* et nécessairement séquestré dans un établissement public ou dans un établissement spécial, suivant les cas, au moins pendant un certain temps d'observation, sur l'ordre soit du tribunal ou du juge, soit du parquet, soit d'une autorité publique, et la séquestration ne devrait cesser qu'avec le concours de l'autorité qui l'aurait ordonnée.

(1) Voir page 42.

(2) C'est une croyance populaire qu'il existe à Charenton ou à Bicêtre un quartier dit : le quartier des condamnés à mort, où sont enfermés des coupables soustraits à la peine capitale.

Je termine ici l'examen ou plus exactement l'exposé des questions que peut soulever la révision de la loi de 1838. Peut-être sera-t-il trouvé trop long et trop minutieux, et cependant je n'ai fait qu'effleurer la matière. J'aurais pu citer des enquêtes, des faits, des noms propres, des autorités; je m'en suis soigneusement abstenu. En étudiant les lois sur l'aliénation dans la pratique, en m'enquérant auprès de toutes les personnes qui pouvaient me donner des renseignements, j'ai été obligé de reconnaître que, pour des causes inutiles à dire, la demande d'une réforme de la loi de 1838 n'est pas étudiée avec un calme absolu par tous ceux qui s'en préoccupent, et que la passion n'est pas toujours complétement absente des controverses qu'elle suscite. J'ai dû faire tous mes efforts pour rester en dehors de la mêlée et éviter tout ce qui serait sorti des limites d'une discussion purement scientifique.

TABLE ANALYTIQUE DES MATIÈRES.

Pages.

AVANT-PROPOS . . . . 3 et 4

PREMIÈRE PARTIE.

Les aliénés en Angleterre.

Historique de la législation. — Division des aliénés en trois classes: *private lunatics, pauper lunatics, criminal lunatics*. . . . . 5 et 6

CHAPITRE Ier.

PRIVATE LUNATICS.

§ 1. — *Lunatics by inquisition.*

Procédure à suivre. — Le lord chancelier; les *masters in lunacy*; le jury. — Droit d'appel. — Poursuite d'office.— *committee to lunatic; committee to estate*; intervention des *masters* et du lord chancelier dans la gestion de la personne et des biens. — Gestion des biens peu considérables et en cas de folie temporaire. . . . . 7 à 11

Protection de la personne du *lunatic by inquisition* par les *masters* et les *visitors*. — Payement des frais de traitement et de gestion *percentage*. — Révocation de la déclaration d'aliénation *by inquisition*. . 11 à 13

§ 2. — *Lunatics not so found by inquisition.*

Aliénés non interdits ni séquestrés. — Droits des parents et des amis. — Visites par ordre du lord chancelier et du ministre d'État. — Aliénés négligés ou maltraités; envoi dans un asile. — Mesures pour protéger leur fortune. . . . . 13 et 14

§ 3. — *Commissioners in lunacy.* — Établissements pour le traitement des aliénés.

Institutions, fonctions et pouvoirs des *commissioners in lunacy*. — *Licensed houses; licences;* conditions; prix; révocation. — *Registered hospitals; asylums; state asylums;* conditions d'établissement. . 15 à 20

§ 4. — *Lunatics under certificates.* — Conditions imposées aux établissements qui peuvent les recevoir.

Demande d'admission; certificat de médecins; notice détaillée. —

Pages.

Poursuites pour contraventions. — Aliéné *seul* en pension. — *Licensed houses*, *registered hospitals*; pièces à fournir; registres. — Quelles personnes peuvent être reçues. — Règlements intérieurs. — Médecins. — Aliénés maltraités. — Évasions. — Décès. . . . . 20 à 25

§ 3. — Inspection et visite des établissements. — Recherches et visites. — Correspondance. — Mise en liberté. — Gestion des biens des aliénés

Droit de visite des *commissioners in lunacy* dans les *licensed houses*, les *registered hospitals* et les *unlicensed houses*, leurs pouvoirs; visites générales et spéciales. — Institution des *visitors* pour les bourgs et comtés; leurs droits et leurs devoirs. — Mentions sur les registres. . . . . 25 à 27

Droit par les parents ou amis de faire rechercher un aliéné séquestré. — Visites. — Correspondance. 28

Mise en liberté; qui peut l'ordonner. — Pouvoirs du lord chancelier, des *commissioners* et des *visitors* pour les aliénés détenus sans cause suffisante. . . . . 29 et 30

Administration des biens des aliénés *under certificates*. — Pouvoir du chancelier de demander des comptes et de prendre des mesures relativement à la gestion. 30

CHAPITRE II.

PAUPER LUNATICS.

§ 1. — *Pauper lunatics* traités à domicile et dans les *workhouses*.

Traitement à domicile. — Traitement à domicile ou dans les *workhouses*; abus; enquête de 1860; prescriptions de la loi de 1862. — Inspection des *workhouses* par les *commissioners*. — Inspection des aliénés secourus à domicile. — Listes et rapports. — Droit de visite des représentants des bourgs et paroisses. — Aliénés *incurables* transférés aux *workhouses*. . . . . 31 à 33

§ 2. — Asiles. — Admission des *pauper lunatics* et des aliénés envoyés d'office.

Envoi des *pauper lunatics* aux asiles par les juges de paix, par l'*officiating clergyman* et le *relieving officer* ou l'*overseer*, par les *commissioners*. — Ordres de réception, certificats médicaux et *statement*. — Aliénés non indigents reçus dans les asiles. — Aliénés errants ou vagabonds. — Placements d'office. . . . . 33 à 36

Visitors des asiles; fonctions. — Droit de visite des gardiens et *overseers* des pauvres. — Inspection des *commissioners*. — Règlements. — Nomination des fonctionnaires et employés. — Registres. — Comptes des dépenses. — Listes des *pauper lunatics* traités à domicile ou dans les asiles. — *Pauper lunatics* envoyés dans les *registered houses* et les *hospitals*. . . . . 36 à 39

Mise en liberté par les *visitors*, les *boards of guardians* et les *commissioners in lunacy*. — Fixation et payement des dépenses à domicile, dans les *workhouses* et dans les asiles. — *Pauper lunatics* possé-

Pages.

dant des biens; administration de ces biens. — Assistance à la sortie de l'asile. . . . . 39 à 41

CHAPITRE III.

CRIMINAL LUNATICS AND INSANE PRISONERS.

Aliénés dangereux; envoi d'office dans les asiles. — Aliénés poursuivis et acquittés; détenus condamnés; établissements spéciaux. — Conseil de surveillance des *state asylums*. — Inspection par les *commissioners*. — Mise en liberté et translation des détenus aliénés. — Payement de leurs dépenses et administration de leurs biens. . . . 41 à 45

DEUXIÈME PARTIE.

Les aliénés en France.

Les aliénés avant la loi de 1838. — Législation actuelle. . . . . 45 à 47

§ 1. — Interdiction.

Procédure; effets. — L'article 510 du Code civil non exécuté. — Tuteur; ses pouvoirs; il gère sans contrôle la personne et les biens de l'aliéné; ne rend compte de sa gestion qu'à la guérison où à la mort de l'aliéné. . . . . 47 à 49

§ 2. — Aliénés non interdits ni séquestrés.

La loi ne les protége pas et ne s'en occupe pas. 49

§ 3. — Établissements pour le traitement des aliénés.

Aliénés traités *seuls;* établissements publics et privés. — Établissements privés; autorisation; conditions; révocation. — Direction et surveillance des établissements publics; administration; nomination des directeurs, des employés et des membres du conseil de surveillance. — Résidence obligée du directeur et des médecins. — Traités des départements avec des établissements privés. — Aliénés dans les hospices et hopitaux. . . . . 49 à 53

§ 4. — Placement volontaire des aliénés.

Conditions du placement dans les établissements publics ou privés. — Demande; certificat de médecin; constatation de l'identité. — Placements d'urgence. — Pièces à envoyer; avis à donner de l'entrée; visite médicale de l'aliéné par ordre du préfet dans les établissments privés. — Registre d'entrée; constatations médicales à y consigner. 53 et 54

§ 5. — Placement d'office des aliénés.

Dans quels cas ils sont permis. — Sont ordonnés par le préfet. — Avis à donner; compte à rendre au ministre. — Les familles peuvent demander l'envoi dans un établissement privé. — Rapports semestriels sur ces aliénés; arrétés de maintenue semestriels et individuels; comptes rendns au ministre. — La sortie est ordonnée par le préfet; elle peut l'être par le tribunal. — Payements des dépenses. . . . 56 et 57

Pages.

§ 6. — Placement des aliénés indigents. — Payement des dépenses du service des aliénés.

Qui doit payer les dépenses des aliénés indigents. — A quels aliénés indigents sont ouverts les asiles des départements. — Formes et conditions des admissions. — Recouvrement des dépenses des aliénés placés par erreur comme indigents. — Mise en liberté; oppositions. — Abus des aliénés non dangereux placés d'office. . . . . 57 à 60

§ 7. — Surveillance et police des établissements publics et privés. — Visites; correspondances — Sorties d'essai.

Règlement du 20 mars 1858 pour les établissements publics. — Police des établissements. — Police des aliénés. — Notes médicales. — Historique de la maladie. — Comptes rendus et relevés statistiques. — Avis des évasions, sorties et décès — Application aux établissements privés du règlement du 20 mars 1858. — Registres; constatations. 60 à 62

Visites. — Correspondance. — Réclamations aux autorités judiciaires et administratives. — Permissions de sorties d'essai. . . . . 62 à 64

§ 8. — Inspection des établissements d'aliénés.

Fonctionnaires chargés de les visiter. — Institution des inspecteurs généraux; leurs fonctions. — Inspecteurs de département. — L'inspection dans le département de la Seine. — Établissements du ressort du préfet de la Seine. — Placements d'office et visites ordonnées par le préfet de police. — Rapports des inspecteurs. — Droit d'enquête refusé aux fonctionnaires visiteurs et aux inspecteurs généraux. . 64 à 69

§ 9. — Administration des biens des aliénés séquestrés.

Pouvoirs des commissions de surveillance. — Administrateurs provisoires; nomination; pouvoirs; obligations; cessation de leurs fonctions. — Curateur à la personne. — Validité des actes faits par les aliénés séquestrés. . . . . 69 à 71

§ 10. — Aliénés détenus, condamnés ou poursuivis pour crimes ou délits.

Effet de la démence relativement aux poursuites; relativement aux peines à subir. — Séquestration des prévenus, des détenus ou des condamnés aliénés dans les asiles; qui peut l'ordonner. . . . . . . 71 et 72

§ 11. — En quoi diffèrent la législation anglaise et la législation française.

Procédure *by inquisition* et procédure d'interdiction. — Pouvoirs des *committees* et des tuteurs sur la personne et les biens de l'aliéné. — Aliénés non interdits ni séquestrés. — Organisation des établissements d'aliénés. — Placements volontaires; placements charitables et placements d'office. — Surveillance et inspection des établissements d'aliénés. . . . . 73 à 77

TROISIÈME PARTIE.

Les aliénés en Suisse, en Hollande, en Belgique, en Écosse, en Allemagne et aux États-Unis.

Pages.

§ 1. — Loi de Genève.

Établissements publics et privés; l'aliéné traité *seul*. — Surveillance du Conseil d'État. — Déclaration obligée. — Registre d'entrée. — Autorisation du lieutenant de police exigée pour tout placement; n'est valable que pour *six mois;* renouvellements; conditions. — Juridiction du collége des syndics. — Institution d'une commission médicale. — Inspection. — Sorties. — Gestion des biens. — Administrateurs provisoires; inventaires obligés; comptes de gestion *annuels* . . . . 77 à 80

§ 2. — Loi des Pays-Bas (Hollande).

Établissements de *traitement;* établissements de *surveillance.* — Envoi dans les établissements de surveillance par les tribunaux après interdiction, pour *un an;* prolongation; aliénés mineurs envoyés aux hospices, autorisation du tribunal exigée. — Aliénés non interdits sont placés dans les établissements de traitement sur l'ordre du Conseil d'arrondissement ou de son président; formalités; certificat médical. — Placement sur la demande d'office du ministère public. — L'ordre n'est valable que pour *six semaines;* maintien pour épreuve pendant deux périodes d'une année; renvoi après un deuxième temps d'épreuve. — Sorties des maisons de traitement et de surveillance . . . . 80 et 84

Inspection par les procureurs du roi assistés de médecins; par les gouverneurs de province; par les délégués du ministre de l'intérieur; les rapports sont soumis au roi . . . . 83 et 84

Gérants aux biens. — Actes importants de leur administration subordonnés aux autorisations des conseils d'arrondissement et à l'assentiment des plus proches parents. — Procédures dispensées du timbre et de l'enregistrement. 84

§ 3. — Loi de Belgique.

Établissements publics et privés; aliénés traités *seuls;* autorisation nécessaire; conditions. — Demandes de placements; certificat médical; bulletin confidentiel; *visa* du bourgmestre. — Placements sur intervention des autorités locales; sur l'ordre de la députation permanente du conseil d'arrondissement ou du gouverneur. — Avis à donner du placement; constatations obligées du médecin après l'admission. . . . . 85 et 86

Placements d'office et charitables. — Aliénés prévenus, condamnés ou acquittés. . . . . 86 et 87

Sorties après ou avant la guérison. — Oppositions. — Séquestrations dans les familles; autorisation et constatation exigées. . . . . 87 et 88

Inspection des établissements d'aliénés; fonctionnaires publics; comi-

Pages.

tés permanents d'inspection d'arrondissement; inspecteurs généraux. — Publicité des rapports. . . . . 88 et 89

§ 4. — Organisation et règlement de la colonie de Gheel.

Lois et règlements concernant la colonie. — Organisation. — Taux des pensions. — inspection et surveillance; comité permanent; visiteurs. 89 à 91

Quels aliénés peuvent être reçus à Gheel. — *Hôtes et nourriciers;* obligations, responsabilité. — Travail agricole. — Sortie journalière des aliénés. — Règlement de police. — Service hygiénique et médical. Infirmerie. . . . . 91 à 95

§ 5. — Loi de l'Ecosse.

Statuts. — Institution du *general board of commissioners in lunacy for Scotland; deputies* médecins; organisation et pouvoirs du *general board.* — Surveillance du *lord advocate.* — Inspection par les deux *commissioners* appointés, les shérifs et les juges de paix *visitors;* rapports. . . . . 95 à 97

Aucune séquestration sans un ordre écrit du shérif. — Demandes; certificats de médecins. — L'ordre du shérif n'est valable que pour *trois ans;* renouvelable d'année en année. — Aucun aliéné traité *seul* sans l'autorisation du shérif ou des *commissioners*. . . . . 97 et 98

Placements faits par les *commissioners*. — Séquestration des aliénés dans leur familles ou dans leur domicile; enquête; envoi dans un établissement. — Aliénés dangereux. — Détenus : accusés, condamnés ou acquittés. . . . . 98 à 100

Visites. — Correspondance. — Mise en liberté; sorties pour essai. — Gestion des biens des aliénés, surveillance et intervention du *general board.* — Les rapports annuels du *general board* sont publiés et soumis au Parlement . . . . 100 à 103

§ 6. — Législation sur les aliénés en Prusse, en Autriche, dans le Wurtemberg, dans le grand-duché de Bade, dans les cantons de Neufchatel et de Vaud, en Suède, en Norwége, aux États-Unis.

Prusse. Établissements publics pour les placements d'office. — Établissements privés pour les placements volontaires; les interdits peuvent seuls y être admis; admissions d'urgence. — Interdiction; tutelle; surveillance de l'aliéné. . . . . 103 et 104

Autriche. Lois sur les aliénés. — Établissements privés; autorisation nécessaire. — Surveillance. — Conditions d'admission; certificat médical. — Administrateur aux biens. — Interdiction; le tuteur obligé de rendre des comptes annuels. 104

Wurtemberg. Organisation du corps médical. — Le *Medicinal collegium* chargé de la haute surveillance des établissements d'aliénés. — Commission d'inspection; visites. — Conditions d'admission dans les établissements; certificat médical et autres attestations; examen par le Conseil de surveillance. — Obligations des autorités et des médecins de bailliage en cas de folie signalée. . . . . 104 à 106

Pages.

Grand-duché de Bade. Établissement d'*Illenau.* — Aliénés non dangereux ne sont reçus que s'ils payent pension. — Pièces à produire pour les placements volontaires; demande, certificat du Conseil municipal et de l'ecclésiastique, certificat détaillé d'un médecin, certificat du médecin officiel; avis de l'administration locale. — Placements d'office des aliénés dangereux; enquête obligée, certificats de médecins. — Toutes les sorties sont d'abord provisoires et à titre d'essai; traitement à domicile; rapports trimestriels; congé définitif. — Mises en liberté à la demande des parents. — Inspection. — Interdiction; appel. — Comptes *annuels* ou *bisannuels*, etc., à rendre par les tuteurs . . . . 108 et 109

Suisse. Conditions d'admission dans les établissements d'aliénés dans le canton de Neufchatel et le canton de Vaud. — Dans le canton d'Appenzel, comptes *annuels* exigés des tuteurs 100

Norwége. Asiles publics et asiles privés. — Aliéné séquestré dans son domicile. — Admissions dans les asiles; commissions de contrôle. — Placements d'office. — Mise en liberté. — Interdiction; comptes *annuels* de la gestion des tuteurs. 110 et 111

Suède. Les aliénés curables ou dangereux, seuls admis dans les établissements. — Renvoi des aliénés guéris, ou qui peuvent être soignés dans leurs familles, et des incurables. — Surveillance des aliénés traités *seuls* comme pensionnaires. — Interdiction. — Comptes *annuels* ou trisannuels de la gestion des tuteurs . . . . 111 et 112

États-Unis. — VIRGINIE : Les cours des directeurs des hôpitaux autorisent les entrées et les sorties. — Séquestration d'office par les juges de paix à charge d'en rendre compte aux cours. — Surveillance des établissements; inspection par le grand jury. 121

GÉORGIE : La séquestration ne peut être ordonnée que par les cours de justice. — En cas d'urgence, l'administration locale prescrit la séquestration provisoire. 112

LOUISIANE : Interdiction. — Le juge qui la prononce prescrit le lieu où l'aliéné sera traité; il peut le faire séquestrer. — Il est nommé un surveillant pour assurer le traitement de chaque interdit; le juge le fait visiter. — L'interdit ne peut être transporté hors de la Louisiane sans une autorisation spéciale. . . . . 112 et 113

QUATRIÈME PARTIE.

Critiques adressées à la législation sur les aliénés; réformes proposées; objections.

§ 1. — Nécessité d'une loi; quel doit être son but.

Nécessité d'une loi pour protéger les aliénés et défendre la société contre eux. — But que s'est proposé la loi de 1838. — Ses résultats; abus possibles; réaction de l'opinion publique. — But à atteindre. — Moyens. . . . . 113 à 116

Pages.

§ 2. — Isolement et séquestration. — Asiles. — Traitement à domicile. — Colonies agricoles.

L'isolement et la séquestration sont des modes de traitement; leur rigueur est mitigée dans l'asile. — Le traitement à domicile n'est pas toujours possible; il ne peut remplacer l'asile. — Colonies agricoles; obstacles; la colonie de Gheel est une application mitigée de la séquestration en commun. — La colonisation peut améliorer les asiles et non y suppléer. — Les dangers des asiles ont été exagérés; ils sont nécessaires. . . . . 116 à 120

§ 3. — Garanties légales contre les séquestrations arbitraires des aliénés.

1° *Moralité, capacité, responsabilité des personnes à qui les aliénés sont confiés.* — La loi de 1838 les garantit suffisamment. — Il faut y ajouter l'obligation légale d'approbation des règlements des asiles privés, et la nécessité d'une autorisation pour traiter un seul ou plusieurs aliénés payant pension. . . . . 121 à 122

2° *Constatation de l'aliénation mentale et de la nécessité d'une séquestration.* — Les médecins ont seuls qualité pour constater l'aliénation mentale. — Garanties à exiger d'eux: capacité, moralité, pluralité. — Ils doivent affirmer l'aliénation et la nécessité d'une séquestration. — Utilité d'un certificat détaillé. — La loi de 1838 insuffisante. — Ce que l'on demande; objections et réponses. . . . . 122 à 126

3° *Responsabilité des personnes qui font séquestrer l'aliéné.* — Séquestrations volontaires. — La demande devrait exposer les faits qui la motivent et la justifient. — Le droit de demander la séquestration peut être laissé à tous. — Danger des demandes formées par les parents. — Précautions proposées: interdiction ou délibération du conseil de famille; intervention d'un fonctionnaire public. — Objections et réponses. . . . . 126 à 130

Placements d'office. — Nécessité de mieux définir les cas où ils seront autorisés. — On demande que l'administration ne prenne que des mesures provisoires et que la séquestration définitive soit ordonnée par l'autorité judiciaire. — Quel en serait le résultat. — Nécessité de la création à Paris d'un bureau d'admission. . . . . 130 à 133

§ 4. — Garanties contre la prolongation inutile des séquestrations. — Sorties après ou avant la guérison. — Inspection. — Sortie des incurables.

Cas dans lesquels l'individu séquestré doit être mis en liberté. — La constatation de la guérison confiée par la loi de 1838 aux médecins directeurs seuls. — La prolongation de la séquestration laissée à l'arbitraire du tuteur et des familles. — Critiques, réponses, opposition des médecins aliénistes à la mise en liberté avant la guérison. — Observations; insuffisance du droit d'intervention des tiers et du droit de réclamation de l'aliéné. — Moyens proposés : mode de libération en Écosse; séquestrations pour un temps limité; faculté à donner à des commissaires inspecteurs de mettre en liberté les individus séquestrés sans cause suffisante. . . . . 133 à 137

Pages.

Nécessité de réorganiser l'inspection des aliénés en France. — Ce qu'elle devrait être. — Séquestration des incurables non dangereux; abus; remède proposé; application du principe de l'établissement de Gheel aux sorties d'essai et aux incurables. — Danger de l'accroissement incessant du nombre des incurables dans les asiles. . . . . 137 à 144

§ 5. — Gestion de la personne et des biens des aliénés.

La personne et les biens de l'aliéné ne sont pas suffisamment protégés. — Résultats fâcheux de l'assimilation complète de l'aliéné au mineur quant aux biens et quant à la personne. — Administrateur aux biens; abus. — Nécessité de restreindre les droits des tuteurs. — Emprunts à faire aux législations étrangères. — Mesures à prendre pour protéger la personne et les biens des aliénés non interdits ni séquestrés. . . . . 144 à 147

§ 6. — Aliénés détenus : accusés, condamnés ou acquittés.

Lacune dans la loi de 1838. — Établissement spéciaux à créer pour les détenus aliénés accusés, condamnés ou acquittés. — Constatation de l'aliénation mentale des détenus condamnés. — Séquestration des détenus non poursuivis ou acquittés pour cause de démence. . . . . 148 et 149

Paris. — Imprimerie Cusset et Ce, 26, rue Racine.

www.ingramcontent.com/pod-product-compliance
Ingram Content Group UK Ltd.
Pitfield, Milton Keynes, MK11 3LW, UK
UKHW012038240726
13965UKWH00003B/893